Balzac-Dickens-Dostojewski

Drei Meister

巴尔扎克／狄更斯／陀思妥耶夫斯基 三大师传

上海译文出版社

斯特凡·茨威格／著　申文林／译 高中甫／校

目录

序

尽管这三篇论及巴尔扎克、狄更斯和陀思妥耶夫斯基的文章是在十年之间完成的，可把它们收在一本书里却并非偶然。这三位伟大的、在我看来是十九世纪独特的小说家，正是通过他们的个性互为补充，并且也许把叙事的世界塑造者——即小说家——的概念提升到一种清晰的形式。

我把巴尔扎克、狄更斯和陀思妥耶夫斯基称为十九世纪的独特的伟大小说家，当我把他们置于首位时，绝不是对歌德、戈特弗里德·凯勒、司汤达、福楼拜、托尔斯泰、维克多·雨果等人的个别作品的伟大性有所忽视，这些作家的某些作品往往远远超越了他们三人的作品，特别是巴尔扎克和狄更斯的该被剔除的作品。我相信，必须去明确地确定一部长篇小说的写作者和小说家的内在的和不可动摇的区别。长篇小说作家在最终和最高的意义上只能是百科全书式的天才，他是知识渊博的艺术家，他——这里以作品的广度和人物的繁多为依据——建筑了一个完整的宇宙，他用自己的典型、自己的重力法则和一片自己的星空建立了一个与尘世并立的自己的世界。每一个人物、每一件事都浸透了他的本质，不仅仅对他是典型的，而且对我们本身也是鲜明的，有着那种说服力。这种力量诱使我们经常用他们的名字来命名这些事件和这些人物。这样，我们在活生生的生活中就能说：一个巴尔扎克人物，一个狄更斯形象，一个陀思妥耶夫斯基性格。这些艺术家每一个人都通过他的大量人物形象如此统一地展示出了一个生活法则，一个人生观，以至于借助他而成为世界的一种新的形式。去表现这种最内在的法则，这种隐于它们统一中的性格构成就是我这本书的重要的探索，它的未标出的副标题应当是：长篇小说家的心理学。

这三位小说家中的每一位都有自己的领域。巴尔扎克是社会的世界，狄更斯是家庭的世界，陀思妥耶夫斯基是一和万有的世界。把这几个领域相比较便显出了它们的差异，但不能用价值判断来重新解释这种差异，或以个人的好恶去强调一个艺术家的民族因素。每一个伟大的创造者都是一个统一体，以自己的尺度锁定界限和重量：在一部作品的内部只有一种比重，没有公平秤上的绝对重量。

这三篇文章都以作品的理解为前提：它们不是入门，而是升华、沉淀和提炼。因为高度凝练，它们只能是我个人认为重要的东西，这种必要的缺欠在陀思妥耶夫斯基那篇文章里使我感到特别遗憾，他的分量像歌德一样，就是最广阔的形式也无法加以包容。

很想在这几位伟大的形象——一个法国人、一个英国人、一个俄国人——之外添加一个有代表性的德国小说家形象，一位在高度意义上的——如我认为适用于长篇小说家这个词那样——叙事的世界塑造者。但是在当前和在过去，我没有找到一位那种最高等级的作家。为未来要求出现这样一位作家并对遥远的他致以敬意，也许就是这本书的意义所在。

萨尔茨堡　一九一九年

巴尔扎克

一七九九年，巴尔扎克出生于法国富饶的图尔，即拉伯雷的家乡，他生于六月间。一七九九年这个年份是值得反复提到的。在这一年里，拿破仑——对他的事业感到惊恐不安的那个世界还把他称为波拿巴——从埃及回到了法国，半是作为胜利者，半是作为逃亡者。他曾经在金字塔的石头见证人面前战斗过，后来他对在外国的星座之下把一项开头很宏伟壮观的事业坚持到底感到厌倦了，便乘一只小船从纳尔逊暗中埋伏的轻型护卫舰中间钻了过来。他回国几天以后便聚集起一批忠实的追随者，清除了进行反抗的国民议会，并且一举夺取了法兰西的统治大权。巴尔扎克出生的这个一七九九年便是拿破仑帝国开始的年份。新世纪所熟悉的再不是“矮个子将军”，再不是科西嘉岛来的冒险家，而只是拿破仑，法兰西帝国的皇帝了。在巴尔扎克童年时代的那十到十五年里，拿破仑贪恋权力的双手已经合抱住了半个欧洲。那时他野心勃勃的梦想已经驾上鹰的翅膀飞翔在从近东到西欧的整个世界上空了。首先要回顾巴尔扎克的十六年与法兰西帝国的十六年，即与或许是世界史上最离奇古怪的时代完全吻合。那个时代对于惊心动魄地经历过种种重大事件的人来说，对于巴尔扎克本人来说，不可能是无关紧要的。因为早年的经历和命运实际上不就是同一件事物的内部和外表吗？来了那么一个人，他从蓝色地中海的某个小岛来到了巴黎。他没有朋友，没有生意，没有名望，也没有地位，但却陡然间在巴黎抓住了刚刚变成脱缰野马的政权，而且把它的头扭转过来，牢牢控制住了。这个人是单枪匹马的。这个外省人赤手空拳得到了巴黎，接着又得到了法国，随后又得到了这一大片世界。世界历史上的这种冒险家的突如其来的念头不是通过许多图书和令人难以置信的传说或者故事介绍给巴尔扎克的，而是有声有色地，通过他所有饥渴的感官渗透进了他的生活，并且随着回忆中的那千百个形象生动的真实事件在他还没有东西进入过的内心世界里定居了下来。这样的阅历必定会成为范例。巴尔扎克这个男孩子兴许是在傲慢、粗暴，而且几乎是充满罗马式激情的讲述远方胜利的公告上学会阅读的。在拿破仑的军队进军以后，这个男孩子想必经常用手指头在地图上不大灵便地勾来画去。法国在地图上便像是一条泛滥的河流，逐渐地向全欧洲扩张。今天它翻过了塞尼山①，明天越过了内华达山②，它跨过江河开往德国，踏开冰雪进入俄国，还越过英国人用猛烈炮火把舰队打得起火的直布罗陀海域。在白天巴尔扎克可能和那些脸上带有哥萨克军刀伤痕的士兵在大街上一起赌过，在夜间他也可能经常被开

---

① 阿尔卑斯山脉在法意边界的一段，有重要山口。
② 位于法国与西班牙的边界上。

往奥地利去轰击奥斯特里茨附近冰块掩体后面的俄国骑兵部队的大炮滚动声惊醒。巴尔扎克青年时代的一切追求必定都化成了一个鼓舞人心的名字，化成了一个概念，化成了一个想象：拿破仑。在巴黎通往世界的大花园前边耸立着一座凯旋门。这座凯旋门上刻记着半个世纪里被法国征服的城市的名字。因此，当外国军队从法国人引以为傲的凯旋门下开进巴黎的时候，那种法国居于统治地位的自豪必然会转变成巨大的失望！外部风起云涌的世界里所发生的一切事情都成了巴尔扎克内心不断增长的阅历。很早他就经历了价值的彻底变革，既经历了精神价值的彻底变革，也经历了物质价值的彻底变革。他看到过有共和国印章标志的上百或者成千法郎的纸币[①]都变成了一文不值的废纸，随风飞舞。在从他手里滑进滑出的金币上边，忽而是掉头国王肥头大耳的侧面头像，忽而是雅各宾式的自由帽[②]，忽而是执政官[③]的罗马帝国公民面孔，忽而又是黄袍加身的拿破仑。在这个时期里，道德、货币、土地、法律、等级制度等方面都发生了彻底的变革。几百年来严格禁止的一切，现在都渗透进来，甚至泛滥起来了。巴尔扎克置身于这样一个前所未有的变革时代里，必定很早就意识到了一切价值的相对性。他周围的世界是个旋涡。如果眩晕的目光想要一览全貌，想要寻求一个标记，想要在这奔腾呼啸的波涛上空找到一个星座，那么，在那么多重大事件的连绵起伏中只有拿破仑这个创造者是永远存在的。那千百次对世

---

① 指法国大革命时期发行的以土地为担保的货币。

② 指法国大革命时期作为自由标志的红色圆锥形帽。

③ 指拿破仑时期的最高执政官。

界的震惊和冲击都是从他这里发出的。巴尔扎克还见到过拿破仑本人。他看到拿破仑骑马前去检阅，带着一批他自己意志的产物。在这些随从人员中有奴隶鲁斯坦，有拿破仑以西班牙做礼品相赠的约瑟夫，有拿破仑把西西里岛做礼品相赠的穆拉特，有叛徒贝尔纳多特，还有所有那些拿破仑给他们铸造大炮、占领他们的王国，并且把他们从往昔微不足道的地位提拔到拿破仑时代光辉中来的人。有个人物形象在一瞬间里鲜明生动地照进了巴尔扎克的视网膜。这个人物形象比历史上的任何典范人物都更加伟大。巴尔扎克看到了伟大的世界征服者。对于一个男孩子来说，看到了世界征服者不就是等于自己有了要成为世界征服者的愿望吗？与此同时，在另外两个地方还安居着另外两位世界征服者。一位住在柯尼斯堡，此人使混乱纷繁的宇宙变得一目了然[①]。还有一位住在魏玛，这位诗人对全世界的征服并不比拿破仑及其千军万马逊色[②]。但是这两位对于巴尔扎克来说，在很长时期里都还是无知无觉的遥远境界。目前是拿破仑的范例在巴尔扎克身上形成了一种永远想要整体而绝不要零碎的欲望，贪婪地追求世界上的一切的欲望，这是一种急切而狂热的抱负。

然而这样的凌云壮志还无法立即实现。最初，巴尔扎克决定不从事什么职业。他如果早出生两年，作为十八岁的成人加入了拿破仑的军队，很可能他会在滑铁卢战役中向着英军发射榴霰弹的山头冲去。然而世界历史不喜欢重复。紧随拿破仑时代那种狂风骤雨的

---

① 指提出太阳系起源的星云假说的康德。

② 指歌德。

天气而来的，是微温、柔和而又令人困乏的夏天。在路易十八时代，军刀变成了装饰剑，军人变成了宫廷佞臣，政治家变成了巧言令色之徒。国家高官显位的安排再不是根据业绩的威力，再不是根据令人生疑的意外横财，而是由女士们柔和的手所给予的恩惠与宠爱来决定。国家的生活淤塞停滞了，肤浅平庸了。那些重大事件飞溅的浪花现在平静地汇聚成了一个柔水池塘。现在的世界再不必用军队征服了。拿破仑这个单枪匹马的榜样，对许多人来说变成了一种儆戒。但是艺术依然如故。现在巴尔扎克开始写作了。不过他与别人不同，他写作不是为了聚敛钱财，不是为了消遣，不是为了把书架装满，也不是为了去林荫大道漫步谈心。他在文学中所渴求的不是元帅的权杖，而是皇帝的皇冠。他在一间屋顶阁楼里开始了写作。他最早写的长篇小说用的都是笔名，好像是为了检验一下自己的实力。这还不是实战，而只不过是地图上的军事演习。此后他对自己的成就不满意了，不满足于已经取得的成功。于是他丢开这行手艺，去干了三四年别的行当。他坐在一个公证人的房间里当抄写员。他用自己的眼力对人世间的生活进行观察、领会和享受，而且自己闯了进去。然后他又从头开始了。不过这时他心中怀的是旨在得到整体的那种惊人抱负，是那种巨大的狂热贪欲，它轻视单个事物、外形表象和被剥离的东西，是为了抓住在强烈震荡中旋转的世界。他对世界原始传动机构极其神秘的齿轮组件进行了仔细观察。他从事件的混合饮料中提取纯粹的成分，从大量混乱的数字中得出全体的总和，从呼啸的喧闹中找到和谐，从丰富多彩的生活中取得本质核心。他要把整个世界装进他的曲颈甑里，把世界简明扼要地再进行一次创造。这就是他现在的意图。他不让丰富多彩的生活有丝毫的遗漏。而要把人世间生活的无限压缩成有限，把无法实现的压缩成人力所及的，只有一个过程，就是简明化。巴尔扎克把全部精力都用于去精简可感知的现象。他用筛子筛选，筛掉一切非本质的东西，只选取纯洁而珍贵的表现形态。然后他把这些表现形态，这些分散的个别现象放到他的手炉中进行锻造，使这些纷繁复杂的表现形态变成生动、直观，而且一目了然的体系。这情况很像林奈把亿万种植物列成关系紧密的一览表，也很像化学家把不计其数的化合物分解成为数不多的元素——这就是他的雄心壮志。他把世界简单化，为的是去统治它。他把所制伏的世界都塞进了《人间喜剧》这么一个宏伟壮丽的监狱里。经过这样的蒸馏过程以后，他的人物始终都是典型，都是对大多数人性格化的概括。他那前所未有的艺术意志把一切多余的东西、非本质的东西，都从这些人物身上清除掉了。他把行政管理的中央集权体系引进到文学中来，进行集中化。他像拿破仑一样把法国作为世界的圆周，把巴黎作为圆心。他把各色各样的集团帮派、贵族、教士、工人、诗人、艺术家、学者等都拉进了这个圆圈里，甚至都拉进了巴黎。他根据五十家贵族的沙龙才写出了德·卡迪尼昂公爵夫人的一个沙龙。他根据数以百计的银行家才写出了一个德·纽沁根男爵。他还根据所有的放高利贷者写出一个高布赛克，根据所有的医生写出一个皮安训。他让这些人彼此住得十分邻近，经常互相接触，发生激烈争吵。在生活出现成千上万个变种的地方，他却只要一种生活。他的世界比真实显得贫乏，但是更为紧凑。这是因为他的人物都是精选出来的人物，他的激情是纯洁的元素，他的悲剧是冷凝而成的。像拿破仑一样，巴尔扎克也是以征服巴黎作为开端的。然后他又一个接一个地征服了各省。几乎每个地区都往巴尔扎克的议会里派驻了自己的发言人。然后巴尔扎克也像战绩辉煌的执政官波拿巴一样，把自己的部队投放到了各个国家。他铺展的面很大。他把人派到挪威悬崖峭壁的峡湾，派往西班牙阳光灼人的沙土平原，派往埃及火红色的苍穹之下，派往贝雷西纳河①一座座滴水成冰的桥上，还派往其他一些地方。然而他的世界意志如同他那伟大的榜样人物的世界意志一样，伸展得比派人去的地方更远。此外，正如拿破仑在两次远征之间悠然自得地创立了《法国民法典》一样，巴尔扎克也在用《人间喜剧》征服了世界以后，悠然自得地写出了一部爱情、婚姻的道德法典和一篇学术论文。他在这样一些伟大作品的环抱全球的线条上边还微笑着画了《滑稽故事集》这个阿拉伯风格的颇为自负的花纹图案。他从苦难的深渊，从农民的茅舍，漫游到了圣日耳曼区的宫殿，闯进了拿破仑的各个房间。他在那里边打开第四面墙，同时也就揭开了那些重锁深闭的房子里的秘密。他与士兵们一起在布列塔尼地区的帐篷里休息。他在交易所里转悠。他察看剧院布景的内幕。他监视学者们的创作。在这大千世界里没有一处角落是他那魔术师的光焰没有照到的。他的军队有两三千人。事实是，这些人都是凭空造出来的，是在伸开的手掌里成长起来的，他们赤身裸体，巴尔扎克给他们穿上衣服，送给他们头衔和财富。就像拿破仑

① 俄国第聂伯河的一个支流。

对待他的元帅们那样，他忽而又把这些人的头衔和财富收了回来。他与这些人一起赌博，唆使他们乱作一团。纷繁复杂的事件是数不胜数的。在重大事件背后所展现的地域惊人地广大。《人间喜剧》对世界的征服，那种用两只手集中起来的全部生活，在近代文学中是绝无仅有的，这也正如在近代史中拿破仑是独一无二的一样。征服世界原本是巴尔扎克少年时代的梦想，如今没有什么比这个正在变成现实的早年决心更强大有力了。巴尔扎克不无道理地在一张拿破仑肖像的下边这样写道："我将用笔实现他用剑未能完成的事业。"

因此，巴尔扎克的主人公都像他本人一样。他的主要人物全都有征服世界的欲望。有一种向心力把这些主要人物从外省，从他们的故乡吸引到巴黎。他们的战场就在这里。五万青年人的浩浩荡荡的大军蜂拥而至，来到了巴黎。这是未曾试过身手的纯洁力量。这是不明确行动方向的、寻求释放的能量。现在他们在巴黎像炮弹一样紧紧挤在一个狭小的空间里。他们互相消灭，互相追逐，争着往上爬，把别人拖进深渊。这里没有给任何人准备好位置。每个人都不得不为自己争夺讲坛，把无比坚硬和柔软易弯的金属——这说的是青年时代——锻造成一种武器，把自己的力量聚集成一个爆炸物。文明内部的这种战斗的激烈程度丝毫不亚于战场的厮杀。巴尔扎克是第一个对此作出证明的人，这是他的骄傲。他提醒浪漫派的作家们说："我的市民长篇小说比你们那些悲惨的悲剧更具有悲剧性！"这是因为那些青年人在巴尔扎克的书里首先学习到的东西是严峻无情的法则。他们明白，他们这样的人太多了，因此他们必须像在一个锅里的许多蜘蛛那样互相吞噬——这是巴尔扎克的宠儿伏脱冷的比喻。他们不得不把自己用青年时代锻造成的武器再一次浸泡在烫人的阅历毒药中。只有剩余下来的人才是对的。他们就像“拿破仑大军”的无套裤汉那样，从四面八方来到这里。在到巴黎来的路上，他们跑破了鞋子，公路上的尘土沾满了他们身上的衣服。他们的喉咙里冒火，非常干渴。他们来到这个令人陶醉的，既优雅又有财富和权力的新地方。当环顾四周的时候，他们才顿时感觉到，要想得到这里的宫殿、这里的女人和这里的权力，他们随身所带的那一点点东西是毫无用途的。为了充分发挥自己的才干，他们必须熔铸自己的能力，把血气方刚熔化成坚韧，把聪明熔化成狡黠，把信赖熔化成欺诈，把美丽熔化成恶习，把鲁莽熔化成诡谲。这是因为巴尔扎克的主人公都是强烈的贪婪者。他们追求的是整体。他们都有相似的奇遇经历：一辆双人二轮马车从他们身边疾驶而过，车轮溅了他们一身泥浆。马车夫挥舞着鞭子。马车里边坐着一个青年女子。她头发上的首饰闪闪发光。眨眼间马车已经飞速而去。那个青年女子是充满诱惑力的象征，是美丽的象征，是享乐的象征。于是巴尔扎克所有的主人公在这一瞬间里的愿望都是一样的：“我要得到这个青年女子，这辆马车，这个仆人，这些财富。我要得到巴黎，我要得到全世界!”即使最微不足道的人也能得到一切权力——拿破仑的例子使这些年轻人都走向了堕落。现在他们不像在外省的父辈那样力争得到一处葡萄园、一处衙署公馆，或者一笔遗产。他们力争得到的是象征，是权力，是上升到象征王权的百合花纹章放射光辉和人们挥金如土的那个光圈里边去。于是他们就变成了大野心家。巴尔扎克在笔下赋予他们比其他野心家更强健的肌肉，更激烈的雄辩口才，更有力的欲求，还有虽然过得比较快，但是生动活跃的生活。他们都是把梦想变成了业绩的人。他们都是正如巴尔扎克所说的，用生命材料写作的作家。他们开始战斗的方法有两种：特别的门道是为天才准备的，另一条道路则是为普通人开辟的。为了得到权力，他们必须找到自己的方法，或者学会别人的方法，学会社交界的方法。他们必须作为炮弹杀气腾腾地投掷到置身于这个目标和那个目标之间的另外一群人里，要不就得像黑死病一样缓慢地把那群人毒死。巴尔扎克威严的宠儿，无政府主义者伏脱冷就是这样建议的。开始写作时，巴尔扎克住在拉丁区的一个狭小房间里，所以他的主人公也都到这个街区来聚会。他们是社会生活的原始表现形态，如医科大学学生德普兰，到处钻营往上爬的拉斯蒂涅，哲学家路易·朗贝尔，画家勃里杜，新闻记者吕邦泼雷等。这是一个年轻人的聚会，他们都是纯洁的、未经雕琢的人。不过他们的全部生活都围绕着令人难以想象的伏盖公寓里一张餐桌的桌面。然后他们都被装进了生活的大曲颈甑，受到激情高温的煮熬。后来他们又在失望中冷却下来，变得僵化了。由于受到社会自然的复杂影响、机械的摩擦、磁性的吸引、化学的分析、分子的分解，这些人都变质了。他们失去了自己的真实本性。强酸——这里指的是巴黎——溶解了一些人，腐蚀他们，排除他们，让他们消失；而对另外一些人则使他们晶化、硬化、石化。此外对他们还要进行变形、染色和结合的工作。结合起来的元素形成新的复合物。于是十年以后，这些剩余下来的人，这些经过了重新雕琢的人，都面带会意的讥讽微笑，在人生的顶峰上相互致意。其中有名医德普兰、部长拉斯蒂涅、大画家勃里杜。与此同时，生活的飞轮却把路易·朗贝尔和吕邦泼雷绞碎了。巴尔扎克喜爱化学，他对居维叶[①]和拉瓦锡的著作的研读没有白费力气。他觉得在作用与反作用、亲和性、排斥与吸引、分离与排列、分解与晶化的各种各样的过程中，在对组合成分进行原子的简化中，所显露出来的社会成分的图像比在其他任何地方都更为清晰，每一个人都是由气候、环境、习俗、偶然事件，尤其是命运注定要他碰到的事情所雕琢出来的产物。每一个人都从一种氛围中吮吸自己的本性，以便自己能制造出一种新的氛围。巴尔扎克认为，内心世界与周围世界之间这种无一例外的普遍依存关系是一条公理。于是他觉得，艺术家最崇高的使命就是重现有机物在无机物中的痕迹、有生命的个体在概念中的迹象、社会生活中瞬间出现的精神财产的聚集、整个时代产物的描绘。一切事物都是互相交融的。一切力量都处于悬而未决之中，无一是自由的。这种无边无际的相对论否认任何持续性，甚至否认性格的持续性。巴尔扎克总是让他的人物在重大事件中培养自己，为自己造型，就像是把黏土泥团放在命运的手中那样。甚至他的人物的名字也是包含着转变，而不是统一。法国贵族院议员德·拉斯蒂涅男爵贯穿了巴尔扎克的二十本书。我们相信，我们早已经在大街上，在沙龙里，或者在报纸上认识了他这么一个无所顾忌的发迹者，这么一个残酷无情地往上爬的巴黎钻营者的原型。他极其圆滑地经历过法律的一切避难所，从而出色地体现了一个腐朽社会的道德。但有一本书，在这本书里也有一个拉斯蒂涅，年轻的穷贵族，他

---

① 居维叶（1769—1832），法国科学家，比较解剖学的奠基人。

的父母往巴黎给他寄来的希望很多，寄来的钱却很少。他是一个软弱、温和、简朴而且易动感情的人。这本书讲述了他是如何住进伏盖公寓的，如何陷进了那个有形形色色人物的魔女之锅，如何陷入了那种天才的按透视法缩短的表现方法之中，在那里巴尔扎克把脾气和性格纷繁复杂的全部生活关闭在裱糊简陋的四面墙壁之内。拉斯蒂涅就是在这里看到了素不相识的李尔王——高老头——的悲剧。他看到近郊圣日耳曼区里那些轻浮的公主，一身珠光宝气，在如何贪婪地偷窃她们老爹的财产。他看到社会上的种种卑劣行为最后融化成了一场悲剧。最后他跟随着那位过分善良的老人的棺材，同去的只有一名男用人和一名女用人，在愤怒的时刻他在这里看到巴黎是暗黄色的，混浊不清的，好像一个毒疮疖子从拉雪兹神父公墓的山头上落到了他的脚前。在这里他懂得了人生的一切智慧。此时此刻他的耳朵里听到苦役犯伏脱冷的声音。伏脱冷的信条是：人对待人必须像对待拉邮车的马那样，赶着他们在车子前边走，然后让他们惨死在目的地。也就是在这个时刻拉斯蒂涅变成了肆无忌惮、残酷无情的钻营者，巴黎贵族院的议员。巴尔扎克所有的主人公都经历过站在人生十字路口的这个时刻。他的主人公都是所有人反对所有人的战争中的军人。每一个人都在向前冲锋，这一个人的路必须跨过另一个人的尸体。巴尔扎克指出：每个人都有他的卢比孔①，都有他的滑铁卢，战争在宫殿、茅舍和商店里导致的结果是同样的。巴尔扎克的伏脱冷，这个无政府主义者扮演过种种角色，在巴尔扎克的书里有十次化装出场。但是他始终

① 意大利中部的一条河。恺撒在渡过这条河时说：“骰子已经掷下了。”过河后便对庞培发起总攻。此后，人们用卢比孔比喻当机立断。

如一，而且是自觉地始终如一。他知道，神父、医生、军人、律师穿上破烂衣裳都会提出同样的要求。在现代生活拉平了的表层下边，斗争是以地下的方式继续进行的。这是因为内心的抱负对外表的平等化要进行抵制，因为谁也不能像从前的国王、贵族和神父们那样有自己的保留位置，因为每个人都有权去争取想要的位置，于是他们之间的关系就十倍地紧张。机会减少在生活中就表现为精力加倍。

引诱巴尔扎克的正是这种杀人和自杀的能量的战斗。他的激情就是要把这种能量作为自觉生活意志的表现用在一个目标上。这种激情只要强烈起来，那么，它是善是恶，是卓有成效还是白费力气，他觉得全都无关紧要。紧张，意志，这就是一切。因为这都是属于人的，而成就与荣誉则丝毫不属于人，那都是偶然事件决定的。战战兢兢地在面包店柜台上偷了一个面包塞进袖筒里的蟊贼令人望而生厌，但那不仅是为了得到好处、更是为了激情的原因进行抢夺、把其全部生活理解为夺取财物的职业大盗却令人肃然起敬。巴尔扎克似乎认为，估量效果、测定事实依然是编写历史的任务，而阐明原因、发掘精神的紧张程度则是作家的使命。只有没能达到目的的力量是可悲的。巴尔扎克描写的是被遗忘了的英雄。他认为，在任何一个时代里都不只有一个拿破仑，不只有历史学家的那个在一七九六年至一八一五年间征服过世界的拿破仑，他认识的拿破仑就有四五个。一个兴许是在马朗戈[1]附近阵亡了，名字是德塞。第二个可能被现实中的拿破仑派往埃及去了，远远离开一系列重大

① 马朗戈，意大利的一个村庄，一八〇〇年拿破仑曾于此地大胜奥军。

事件。第三个也许是遭受到了最深沉的悲剧：他是拿破仑，却从来没有上过战场。他不得不隐藏到外省某个小地方去，他没有成为奔腾呼啸的山洪，不过他耗费的精力并不少，虽然是用到了比较琐碎的事情上。巴尔扎克赞扬以献身精神和容貌美丽而闻名的妇女，称她们为“太阳女王”，她们的名字就如同蓬巴杜[1]或者狄安娜·德·普瓦捷[2]的名字一样响亮。他讲到因一时不走运而毁灭的诗人，荣誉从他们的名字旁边滑了过去。因此作家必须首先给他们重新追赠荣誉。巴尔扎克知道，人生中的每一秒钟都在毫无成效地浪费大量的精力。他意识到，多愁善感的外省姑娘欧也妮·葛朗台在吝啬的父亲面前颤抖着把钱袋送给堂兄的那个时刻，其勇气不亚于在法国各个广场上闪耀光辉的大理石像圣女贞德。成就不可能使所有传记作家都眼花缭乱，也迷惑不了那些对社会繁荣的一切化妆品和混合药剂进行过化学分析的人。巴尔扎克不可收买的眼睛只盯住能量。在乱纷纷的各种事实中，他总是只看到生气勃勃的紧张，从被击溃的拿破仑大军在贝雷西纳河边争先恐后地往桥上拥挤，灰心绝望、卑劣行为和英雄气概都汇集在那个已被上百次描述的瞬间场景里，巴尔扎克选出了最伟大的真正英雄：四十名工兵。这些没人知道他们名字的工兵为了建起一座能让一半大军逃脱的摇摇晃晃的桥梁，在漂流着冰块的齐胸深的河水里站了三天。巴尔扎克知道，每时每刻在巴黎关闭的窗子里边都有悲剧发生。这些悲剧不亚于朱丽叶之死、华伦斯坦的结局和李尔王的绝望。因此，他一再自豪地重

① 蓬巴杜（1721—1764），路易十五的情妇。
② 狄安娜·德·普瓦捷（1499—1566），即瓦朗斯女公爵。

复这样一句话："我的市民长篇小说比你们那些悲惨的悲剧更具有悲剧性！"这是因为他的浪漫主义是向内心追求的。他的伏脱冷身着市民服装，但绝不逊于维克多·雨果的《巴黎圣母院》里身带铃铛的敲钟人加西莫多。他内心里僵硬的、怪石嶙峋的景象，他的激情的荆棘丛莽，他那伟大追求者胸中的贪欲，其骇人程度绝不低于《冰岛凶汉》中的可怕岩洞。巴尔扎克寻找宏伟的事物不是到帷幔里，也不是到历史或者异国的远景中，而是在极其巨大的范围里，在一种变得十分完整的、强烈紧张的感情里。他知道，任何感情都只是在力量未被削弱的时候才有意义。任何一个人都只有在他集中精力于一个目标，不在几个欲望上浪费心力、分散精神的时候，在他的激情吮吸给他带来其他感情的汁水的时候，才是伟大的。他的激情通过抢夺和违反自然的行为而变得强烈起来，这就像是园艺工人要剪掉或者压制双杈树枝，以使一个树枝得到双倍的营养，茂盛开花。

巴尔扎克描写了这样一些充满激情的偏执狂人，他们在一种唯一的象征中理解世界，在无法分开的轮舞中确认一种意义。他的唯能论的基本公理是一种激情的力学。他的信念是，不管怎样，任何生活都要消耗同样数量的力。不论生活把这种意志要求浪费在什么样的幻想上，不管意志要求是缓慢地零星耗费在千百次的激动中，或是有节制地一直保持到突然猛烈的极度兴奋，还是生命之火在燃烧或爆炸中化为灰烬。谁活得更急迫，并不意味着活得短促。谁始终怀抱唯一的激情，生活中的多样性也并不逊色。这样的偏执狂人对于一心要描写典型，一心要溶解纯洁成分的作品是极其重要的。

软弱无力的人引不起巴尔扎克的兴趣。引起他的兴趣的只有这样一些人：他们比较完整，他们把所有神经、全身肌肉和一切思维都贯注于一种生活的幻想——无论贯注于什么样的幻想，爱情、艺术、贪欲、献身、勇敢、懒散、政治、友谊都行，贯注于某个象征，随便哪一个象征都行，只要是贯注于那个象征的整体。这种感情激动的人，这种自创宗教的狂热信仰者，既不左顾，也不右盼。他们所讲的语言彼此不同，因此不能互相理解。如果给收藏家看一个女子，即使天下最美的女子，他也会不予理睬。如果跟一个热恋的人谈锦绣前程，他会表示轻蔑。如果给悭吝的人看除财物以外的什么东西，他都不会从自己的钱柜上抬起头来。如果一个偏执狂听任引诱，为了其他缘故而丢弃了自己所钟爱的激情，那么，他也就毫无希望了。这是因为肌肉不使用就会憔悴，思想经年不振奋就会僵化。因此，如果谁一辈子是某一种激情的行家里手，某一种感情的竞技运动员，那么，他在其他任何领域里就会是一个技艺低下和意志薄弱的人。任何激起偏执狂的感情都要压制其他感情，破坏其他感情的基础，使其他感情干枯而死，但是激起偏执狂的感情又吸取其他感情的诱惑价值。爱情、嫉妒、悲哀、精疲力竭和心醉神迷的一切级别和突变，对于吝啬鬼来说都反映在节省的癖好里，对于收藏家来说都反映在收藏的狂热里。这是因为任何一种绝对的完善都是与感情能力的总和结合在一起的。在某一个方面强烈的感情激动之中自然会有形形色色的要求受到冷落。巴尔扎克写的重要悲剧都是从这里开始的。富翁纽沁根聚集了数百万的家财，在精明机智方面又凌驾于法国所有的银行家之上，但在一个妓女手里却变成了一个傻乎乎的孩子。投身于新闻工作的作家如同磨里边的谷物一样被研磨碎了。一幅世界的梦幻景象，任何一个象征，都是像耶和华一样的嫉妒成性，不能容忍其他激情与自己并存。在其他那些激情中没有比较大的激情，也没有比较小的激情。那些激情如同风景或者梦境一样很少有等级秩序，没有一种激情是特别小的。“为什么不应该写愚蠢的悲剧呢？”巴尔扎克说，“还有羞耻的悲剧？恐惧的悲剧？寂寞无聊的悲剧？”这些悲剧只要有足够强度的丰富内容，就都是感动人和激励人的力量，也都是有意义的。即使面相最穷命的人，只要他不屈不挠地继续追求，或者完全绕过了自己的命运，就也有充满生气和美的威力。把这种原始力量——或者更好的说法是真正原始力量变化无常的千百种表现形态——从人的胸膛里拉出来，通过大气压力给它们温暖，通过感情让它们受到冲击，用恨与爱的万灵仙丹让它们陶醉，让它们在心醉神迷中发狂，在偶然事件的边缘问题上打垮一些人，把他们挤压到一起，然后又把他们拉开，建立起联系，在梦想之间架起桥梁，在悭吝的人与收藏家之间、在沽名钓誉者和色情狂之间架起桥梁，不停地移动各种力的平行四边形，在每一种命运里都打开有浪峰和波谷的骇人深渊，把他们从下往上投掷，然后又从上往下抛落，把这些人像奴隶一样地驱使，永远不让他们休息，让他们饱受长途跋涉之苦，很像拿破仑拖着他的士兵穿过奥地利各州，又进入法国旺代地区，越过地中海前往埃及，前往罗马，穿过勃兰登堡门，又来到阿尔罕布拉宫[1]的山

① 摩尔人的民族王宫，位于西班牙的格拉那达省。

坡前边，经历过胜利与失败之后，最后开往莫斯科去——一半人在途中倒下了，不管是受了榴弹炮的猛烈轰击倒下，还是埋没在大草原的冰雪之中。最初是把全世界像张纸牌一样撕成碎片，并像画风景画那样进行涂抹绘画，然后又用激动的手指操纵木偶戏——这就是他的偏执狂，这就是巴尔扎克的偏执狂。

巴尔扎克本人就是在他的作品中得到永生的伟大偏执狂人之一。失望之后，他便从冷酷无情的世界退回到了自己的种种梦想中。冷酷无情的世界不喜欢外行新手，也不喜欢穷人。于是他埋头于沉寂中，为自己创造了一个世界的象征。这是一个属于他，由他操纵，而且与他一起崩溃的世界。真实的事件擦身而过，但他不去捕捉。他闭门坐在斗室之中，像钉子似的伏身书案，生活在他的人物之林里，就像收藏家埃利·马古斯生活在自己的书画中一样。巴尔扎克在二十五岁以后，对现实的所有兴趣只限于把它作为一种创作素材，作为用来发动自己世界的飞轮的燃料——只有注定成为悲剧的现实例外。他几乎是自觉地避开活生生的东西，好像有种提心吊胆的感觉，生怕这两个世界，即他自己的世界与另一个世界，一接触就要融合成一个世界。晚上八点钟他疲惫不堪地去睡觉，睡上四个小时，让人在半夜把他叫醒。当他周围这个喧闹的世界——巴黎——闭上热得发红的眼睛的时候，当黑暗降落到人声如潮的街道上，当这个现实的世界消失的时候，他的世界就开始复活了。他除了用其他成分以外，主要是用世界自身分解开的成分建造世界的。他一连几个小时生活在狂热的极度兴奋中，同时不间断地用浓咖啡刺激疲劳的感官。他就是这样工作十个小时、十二个小时，有时甚至十八个小时，一直到有什么事情把他从这个世界中拖出来，拖回到自己的现实中为止。在刚醒来的那几秒钟里，他必定有罗丹在他的雕像上赋予他的那种眼神。这是从九重天国里惊醒过来的状态，这是返回忘怀了的现实的跌落。这是极其庄严，简直是在呼喊的眼神。这是一只在发抖的肩膀上紧拉衣服的手。这是一副从沉睡中被震醒的表情。这是听到厉声呼唤自己名字的梦游者的姿势。在其他作家笔下都没有巴尔扎克作品中这么强烈的自我迷失，都没有对自己的梦幻这么强烈的相信，都没有这么一种接近自我欺骗边缘的幻觉。巴尔扎克并不像一部机器上能够突然停住旋转的巨大飞轮那样，随时都能控制自己的激动。他并不是随时都能区分镜中影像与实际事物，随时都能在这个世界与那个世界之间划个明确界限。别的人都把趣闻逸事——常常是些滑稽的小故事，但大多数是有些令人恐惧的小故事——塞满一本书。巴尔扎克却在对工作的陶醉中相信他的人物确实存在。一个朋友走进了房间，巴尔扎克慌忙迎着冲过去说："你想象一下吧，不幸的女子自杀了！"然后他才从朋友惊愕的后退中意识到，他所说的人物欧也妮·葛朗台只在他的星际里生活过。也许只有外部生活与新的现实间存在法则的同一性，才能把如此持续、如此强烈、如此完整的幻觉与精神病院里病人病理学的幻想区别开来。但是从幻想的持续性、坚韧性和封闭性来看，他这样的沉思是无可救药的偏执狂人的沉思。他的工作已经不是勤劳，而是冲动、陶醉、梦想和极度兴奋了。他的工作是具有魔力的止痛剂，是让他忘记生活饥荒的安眠药。巴尔扎克比任何人更有能力成为一个享受者，成为一个挥霍浪费者。他自己承认，这种狂热的工作对于他来说，不过是一种享受的药剂。一个对渴求如此无节制的人，就像他书中那些偏执狂人一样，只能放弃别的热情，因为它代替了它们。他在创作中找到了七倍的代用品，因此他能够丢开生活感情的刺激、爱情、追求、名气、娱乐、财富、旅游、荣誉和胜利等等。他的感官像孩子一样迟钝，区分不开真的与假的、错觉与真实，随便用些什么喂养便够了，不管是真实还是梦幻。巴尔扎克一辈子都在欺骗自己的感官，他不给它们享乐，而只是糊弄它们，他拒绝给它们菜肴，而只是用气味来满足它们的饥饿要求。他的经历就是热情地参与他的创造物的享受。当轮盘赌的转盘旋转起来以后，往赌案上押十个路易，然后便哆哆嗦嗦地站在那里的人就是他。那个在剧院里赢得重大胜利的人，那个与全旅一起冲向高地的人，那个用地雷从根基上掀起交易所的人，都是他。他的创造物的一切喜悦都是属于他的。那些喜悦就是极度兴奋。他那外表很可怜的生命就是在这种极度兴奋中折磨自己。他玩弄自己笔下的人物，就像放高利贷的高布赛克玩弄陷于绝望投奔他而来的受苦的人，他们向他借钱，他则让他们在钓钩上蹦跶。对于这些人的痛苦、愉快和烦恼，他仔细地观察，当作是演员们或多或少有些天赋的表演。巴尔扎克的心借身穿肮脏外套的高布赛克的嘴说出：“您认为这样钻研一个人心里最隐蔽的皱纹，这样深入地探讨面前的一颗赤裸裸的心，是毫无意义的吗？”他这位意志的魔术师把梦想重新融化成了生活。据传，巴尔扎克在屋顶阁楼里啃个干面包当作一顿可怜的正餐的时候，曾经用粉笔在桌子上画了个餐盘的轮廓，还在餐盘中心写上最爱吃的精美菜肴的名称，目的是一边嚼干面包一边通过意志的启示而感受到最昂贵的菜肴的味道。正如此时他认为品尝到了菜肴的味道，就像是真正品尝到了菜肴一样，他肯定也难以遏制吞饮自己书里面万灵仙丹般的一切生活刺激。他肯定也用他笔下人物的财富和挥霍浪费来欺骗自己的穷困潦倒。他这个总是被债务紧追不放的人，这个不断被债主们纠缠的人，在写下“十万法郎养老金”的时候，肯定感觉到一种简直是感官的刺激。就是他，在埃利·马古斯收藏的名画里翻寻不已；就是他，以高老头的身份喜爱那两位伯爵夫人；就是他，与六翼天使一起腾空升起，凌越从未见到过的挪威悬崖峭壁的峡湾；就是他，与吕邦泼雷一起享受女士们赞赏的目光；就是他，为了自己而让所有这些人都喷射出像岩浆一样的情欲。他用大地上的浅色药草和深色药草为他们酿制幸福和痛苦。没有一个作家比巴尔扎克在更大程度上与自己的人物共同享受。正是在他描写为人渴望的财富魔术的地方，可以觉察到自我陶醉者的欣喜若狂和孤独者的大麻瘾，比在一些艳遇场景中所觉察到的还要强烈。这是巴尔扎克最内在的激情：数字的上下波动，贪婪地营利和金额的化为乌有，手转手的资金投掷，资产负债表上数字的增大，价值的急剧下降，极端的下跌和上升。他让数百万金钱像大雷雨一样突然降落到乞丐头上，又让资产化整为零，像水银一样从无力的手上流失。他以狂喜的心情描述福布宫，描述金钱的魔力。用激动得难以说话的感情，用感官最高级的喘息，他磕磕巴巴地讲出“数百万”、“数十亿”这些词。他让高雅居室里的妙人儿列队而立，像是苏丹宫殿里的女子一样娇媚，又把王权的象征物讲述得犹如王冠上的宝石一样。这种激情在他的手稿里留下了深深的烙印。可以看到，最初纤细平静的字体如何像勃然大怒者的血管一样膨胀了起来，字体如何蹒跚而行，然后又加快速度，好像发狂地互相追逐。他用来不断刺激过分疲劳的神经的咖啡也留下了渍痕斑点。还几乎可以听到过热的机器无休无止哗啦哗啦的喘息声，它的制造者狂热焦躁的痉挛，这个语言的唐璜贪得无厌，这个想占有一切而且拥有了一切的人。还能看到这个永不知足的人在校样上又一次暴躁的发作。他总是一再拆开固定下来的结构，就像发烧的人揭开伤口，要从已经僵直冷却的身体里再挤出几行不停跳动的鲜血。

这样巨大的工作如果不是纵欲快感，而且不仅如此，如果不是苦行僧式拒绝一切其他权力形式的人，即认为艺术是解脱烦恼的唯一可能性和充满激情的人的唯一生活意志，那就永远无法理解。他曾经用其他材料仓促地梦想过，一次或两次。在实际生活中他进行过的第一次尝试，那是在他创作陷于绝望，想要取得实在的金钱权力而当上投机商，创办了一家印刷厂和一份报纸的时候。但是这个在自己的书里无所不知的巴尔扎克却背负着命运历来为不忠的人准备的那种讥讽嘲笑，他在他的书中无所不能，交易所人员的手段，大小业务上的诡计，对任何东西的价值都了如指掌的放高利贷者的诀窍，他还在自己的工厂为几百号人安置生活，用正确的逻辑结构赚得了一大笔钱；他使得葛朗台、波皮诺、克瑞威、高里奥、勃里杜、纽沁根、魏尔布鲁斯特和高布赛克都富了起来，可他本人却丧失了资本，名誉扫地，一败涂地。他给自己留下来的只有那铅一样沉重的可怕债务，后来在半个世纪的生活里他一直不断呻吟着用宽大的负重的肩膀承担那些债务。他是前所未有的工作的奴隶。在工作的重压下，有一天他血管破裂，无声无息地崩溃了。这是其他受冷落的激情的嫉妒，是对巴尔扎克为之献身的唯一激情——即艺术——的嫉妒，对他进行的可怕报复。甚至爱情，对于别的人是关于一次经历和事实的美好梦想，在他那里却首先是梦里的经历。德·韩斯卡夫人，这个外国女人后来成为他的妻子，他的那些著名的信都是为她而写的，她在看中他之前就已经被他热烈地爱上了。当她还是个非现实的人物，是个像金发女郎，像德尔菲和欧也妮·葛朗台那样的人的时候，巴尔扎克就爱上她了。对于真正的作家来说，除了创作即想象的激情以外，任何其他激情都是歧途。他对泰奥菲尔·戈蒂耶说："作家应避免接近女人，女人会使他丧失时间。作家应该局限于他们的写作。这种表现形态就是风格特征。"事实上，巴尔扎克在内心深处所爱的并不是德·韩斯卡夫人，而是对她的爱情。他所爱的不是他所遇到的处境，而是他为自己所创造的处境。他长久地用幻想喂养渴求实际的饥饿，长久地用画像和戏装演戏，一直演到他像最激动的演员那样相信自己的激情为止。他孜孜不倦地沉湎于这种创作的激情，长久地加速内部的燃烧，直到火焰冲天冒起、向外喷发的时候为止，直到他毁灭的时候为止。他的生命随着每一本新书出版，随着每一次愿望实现而缩短，就像他的神秘小说中一张有魔力的驴皮那样。他是被自己的偏执摧垮的。这就像赌徒被赌牌摧垮，酒鬼被酗酒摧垮，大麻瘾君子被灾难的烟斗摧垮，好色之徒被女人摧垮一样。巴尔扎克是在他心愿的大量实现之中毁灭的。

如此强大的、用鲜血和活力来实现梦想的意志，把自己的法术作为生命的秘密，并把自己赞颂为世界的法则，这是理所当然的事。一个丝毫不暴露自己的人不可能有真正的哲学。他也许像普罗透斯①那样，不过是个没有一定形体的可变之物，因为他的身子体现出了一切人。他像伊斯兰教的托钵僧人，又像一种很易消逝的精灵，能钻进数以千计的人的身体里栖身，而在这些人误入歧途的时候，他就消失不见了。他能像电流一样，忽而与乐观主义者，忽而与利他主义者，忽而与悲观主义者以及相对主义者接通或者断开，能够把一切见识和价值纳入自身和排出自身。对于他来说，只有强大的意志是真实的和不可更改的。正是这个芝麻开门的咒语为他这个异乡人搬开了石头，领他下到肺腑中感情的黑暗深渊，又让他带着最高尚的经历从那里上来。于是他必定比别人更喜欢把一种超越精神对物质产生影响的力量归于意志，而且感觉到意志是生活的准则和人世的信条。他意识到，意志从一个拿破仑散射出来的影响会震撼全世界，推翻帝国，鼓舞诸侯，搅乱千百万人的命运；他意识到，这种纯洁的、向外的精神大气压力也必然要在物质内部表现出来，要使相貌定型，而且涌入整个胴体里。正如短时间的激动都能激起一个人的表情，美化或者形成粗野甚至迟钝的特征那样，一种持久的意志、一种慢性的情欲也必然能开凿出人类的面容。对于巴尔扎克来说，一副面孔就是一个石化了的生活意志，一种用青铜铸成的特性。正如考古学家必须从石化的残留物中认出一种完整的文

① 希腊神话中能变成任何形状的海神，现常用于比喻思想多变的人。

化那样，巴尔扎克觉得作家也需要从一个人的面貌，从一个人所处环境的氛围中认出他内心的文化。

这种相面术使巴尔扎克喜欢上了弗兰茨·约瑟夫·加尔[①]的理论，即大脑潜藏性格的地形学；还使他研读了拉瓦特[②]的作品。拉瓦特在一个人的面孔和外表上所看到的也只是变成肌肉和四肢的生活意志，只是翻卷外露的性格。这种强调内部与外表深奥莫测的交互作用的巫术正是巴尔扎克所渴求的。他相信梅斯梅尔[③]关于磁性能从一种介质往另一种介质里传送意志的理论。他把这种观点与斯威登堡[④]的神秘主义的灵化结合起来，并且把所有这些还没有完全浓缩成理论的心爱物都归纳到自己的宠儿路易·朗贝尔的信条里。朗贝尔这位意志化学家把一个早已死去的人的奇特形态、自画像和追求内在的渴望离奇古怪地结合起来。他觉得每一副面孔都是一个尚待猜解的哑谜。他断言在每个人的面貌上都认得出一种动物相。他相信，从神秘的迹象上能够确定死去的人；他能从相貌、动作和服装上认出大街上每个行人的职业。但在他看来，这种直觉的识别能力还不是眼力的最高法术。因为这种能力只用于已存在的、现实的东西。他最深切的愿望是像某些人那样，能够集中力量不仅发现眼前的，而且也能根据蛛丝马迹发现过去的，从预现的根源上发现未来的，成为手相家、预言家、星相家、占卜家等一切具有天生“第二视觉”和更加深邃眼力的人的同盟者。据说这些人都能从外

① 弗兰茨·约瑟夫·加尔（1758—1828），德国解剖学家，颅相学的创始人。
② 拉瓦特（1741—1801），瑞士神学家。
③ 梅斯梅尔（1734—1815），德国医学家，首创动物催眠术。
④ 斯威登堡（1688—1772），瑞典哲学家和宗教作家。

表认出最内心的东西，从确定的限度内认出没有限度的东西，还能根据手心里的细纹说出往昔生活的简单过程，并进而导引出通向未来的朦胧小道。这种法眼只有不把才智分散到千百个方向，而是——在巴尔扎克笔下经常出现浓缩的思想——把才智贮存起来用于一个唯一目的的人才有。“第二视觉”的才能不是魔术家和预言家所独有的才能。“第二视觉”就是自发的视觉认识能力，母亲在自己的孩子面前就有。德普兰也有。这位医生根据一个病人迷惘的痛苦立刻确定了他害病的原因和他寿命可能的限度。天才元帅拿破仑能立刻认识到，为了决定战争的命运，他必须把军队投放到什么地方。花花公子德·玛赛也具有这种能力，他能抓住短暂的时间使一个女子堕落。交易所投机者纽沁根能在恰当的时间采取重大的交易行动。所有心灵天空的星相学家都靠透视内部的眼力来通晓他们的知识。对普通人的眼睛是灰蒙蒙一片混沌的地方，这种眼力能像透过望远镜一样看到地平线。作家的幻象与学者的演绎法之间的亲和力，自发的迅速理解与缓慢的逻辑认识之间的亲和力，便蕴藏于其中。巴尔扎克必定也不能理解他自己直觉的概括能力。所以他常常用几乎是困惑的目光吃惊地打量自己的作品，就像是在打量一个无法理解的东西。他被迫地转向不可比较的哲学，一种神秘主义，神父的普通天主教教义再不能满足他了。混杂在他最内在气质里的这种魔法的晶粒，这种不可理解性，不仅使他的艺术成为生活的化学，而且成为炼金术，这就是他与后来人，与他的模仿者，特别是与左拉有别的极限。

在左拉收集一块块砖瓦的时候，巴尔扎克只消转动一下魔法指环便建成了一座有千百个门窗的宫殿。他的作品的能量是巨大的，给人的第一个印象总是魔术的印象，不是工作的印象，不是从生活中借来的印象，而是赠送与充实的印象。

这就像不透光的乌云一样围绕着他的形体飘动。巴尔扎克在进行创作的年代里不再学习了，不再作尝试了，不再像左拉那样观察生活了。左拉在写作长篇小说之前就给每个人物编制好一本明细账。巴尔扎克也不像福楼拜那样，福楼拜为写一本薄薄的小书要去翻查一个又一个图书馆。巴尔扎克很少再回到自己世界外边的那个世界。他把自己关在幻觉里，就像坐牢那样，而且他是死死地坐在工作的刑椅上。在他到现实世界中作一次匆匆出游的时候，在他出去和出版商斗争或者把校样送往印刷厂的时候，在他去朋友家进餐或者去浏览巴黎的一家家旧货店的时候，这与其说是调查毋宁说是证实。他在开始写作的时候，已经用某种神秘的方法深入了解了全部生活知识，而且已把知识积累起来，贮存待用了。他是怎么样、在什么时候和从什么地方吸收了关于一切阶级、职业、素材、性格和现象的知识，建立起了如此庞大的知识储存，这个情况与几乎是神话的莎士比亚现象一起，或许就是世界文学中最大的谜团。巴尔扎克从事过三四年其他工作，那是在他的青年时代。他给一个公证人当文书，后来他又当出版商，当大学生。在那几年里，他吸取了所有那些说不清、看不见的事实素材，吸取了那么多关于人物性格和现象的知识。在那些年里，他必定对生活进行过令人难以置信的观察。他的眼光必定是可怕的有吮吸力的眼光，是一种贪婪的眼光，它像吸血鬼似的把所遇到的一切都吮吸进去，吮吸到内心里，吮吸到记忆里，在那里什么东西也不会发黄，什么东西也不会流失，什么东西也不会互相混杂或者腐败变质。在他的记忆里，一切东西都井井有条，堆积在案，时刻准备着必要的时候派上用场。这里的一切材料都是有弹性的、跳动的，他只要用意志和愿望轻微触及一下就行了。巴尔扎克熟知一切事情，诸如诉讼程序、战役、交易所的手段、地产投机活动、化学的奥秘、化妆品商人的诀窍、艺术家的技艺、神学家的辩论、报纸的经营活动、剧院的错觉以及另一种舞台即政坛上的欺骗。他熟悉外省，熟悉巴黎，也熟悉世界。他这个闲逛的行家像读书一样读街道上杂乱无章的市容特征。他知道每一座建筑物修建于什么时候，是由谁建的和为谁建的。他能解释建筑物大门上的族徽纹章。他知道建筑物风格盛行的那整个时代，同时还知道建筑物的出租价格。他在每层楼房里都安置了居民，在每个房间里都摆设了家具，使每个房间里都充满幸福的或不幸的气氛，让看不见的命运之网从一楼结到二楼，从二楼结到三楼。巴尔扎克具有百科全书式的知识。他熟知帕尔玛·韦基奥①的一幅画值多少钱，一公顷牧场值多少钱，一个尖尖的蝴蝶结值多少钱，一辆无篷双轮马车值多少钱，还有雇一个仆役要多少钱。他了解那些在债务中苦苦支撑的纨绔子弟的生活，这种人一年要花费两万法郎，再往后两页，就又成了领养老金者的可怜生活。在这绞尽脑汁的生活计划中，弄坏一把雨伞，碎掉一块窗玻璃，都会成为灾难。再往下翻一两页，现在他处于赤贫者之中。他跟随着他们，他

---

① 帕尔玛·韦基奥（约1480—1528），意大利画家。

了解每个人是如何弄到那一两个苏的。贫穷的奥韦尼省挑水夫的愿望是不必自己拉水，而能有一匹很小很小的马代劳。大学生和女裁缝在大城市里过着枯燥单调的生活。上千个地区出现了，而且每个地区都准备跟在他的命运的身后，去塑造它。对于这些地区，他看过片刻之后就比生活在其中的人们看几年还要清楚。他熟知曾经匆匆扫过一眼的东西，还有——艺术家们值得注意的悖论——他熟悉他根本不知道的东西。他让自己的梦里出现挪威悬崖峭壁的峡湾和萨拉戈萨①的壁垒，而且都符合实际情况。幻觉的这种速度是惊人的。他好像能把披盖起来的和掩藏在千层衣服里的东西看得清清楚楚。对于他来说，一切东西都有标记，一切事物都有钥匙。他可以剥掉事物的表面，事物便对他显示出内部的东西。容貌向他展开，一切都落进了他的感官，就像果核从果实里出来那样。他能从非本质的褶皱衣料中猛然拉出本质的东西。但是他不是挖开，一层一层地慢慢翻寻，而是像用炸药炸开了生活的金矿。同时他用这些真实的表现形态来理解不可想象的事物，来理解生活金矿上边以气体状态飘动的幸福气氛和不幸气氛，来理解天地之间轻飘飘的动荡，来理解近处的爆炸和气候的骤然变化。别人觉得只是个轮廓的东西，别人看来好像是放在玻璃柜里冷冷清清静止的东西，他那神秘的敏感性都能觉察出来，就像温度计里的水银感觉大气的状态一样。

这种不可思议的、无法比拟的直觉知识就是巴尔扎克的天才。

---

① 西班牙东北部城市。

人们还把艺术家称做什么力量的分配者，秩序的维护者和创造者，团结者和纠纷排解者，可这些在巴尔扎克并不明显。人们可能会说，巴尔扎克根本不是人们称之为艺术家的那种人，尽管他是一个天才。“这样的实力不需要艺术。”这句话也适用于他。因为千真万确，他有一种力量，既宏伟又强大，像原始森林里自由自在的野兽那样拒绝驯养，又像繁茂的灌木丛，或者湍溪急流，或者疾风骤雨一样的美。这种力量很像审美价值只存在于自身表现的强度中的一切事物。这种力量的美不需要对称、装饰和辅助的细心分布。这种力量是通过自身不受限制的繁杂多样性产生影响的。巴尔扎克从来没有严密地构思过自己的长篇小说。他沉醉于自己的小说中，一如沉醉于一种激情，沉醉于各种描述。他对言语的反复思索一如对于题材或者赤裸裸的青春肉体的反复思索。他描写人物形象，把他们从各个阶级和各个家庭中征召出来，从法国各个外省征召出来，就像拿破仑征召他的士兵那样。他还把这些人物分配到各个旅里，叫这一个去当骑兵，派那一个去当炮兵，让第三个去当辎重运输兵。他把火药倒在他们火枪的引火盘上，然后就把他们交给了他们内心未被驯服的力量。《人间喜剧》虽然有一篇出色的前言，但那是后来补上的，实际上没有内在的计划。《人间喜剧》是无计划的，就像巴尔扎克觉得生活本身是无计划的那样。《人间喜剧》不追求某一种道德，不追求一种概观，而是要作为一个正在变化的东西来说明永远变化的东西。在整个这样的潮涨潮落之中没有持久不变的力，只有那种没有形体的、好像是用乌云和阳光编织而成的大气。人们把这种大气称作时代。这个新宇宙的唯一法则或许就是，所有的人——他们的不稳定的联合才构成时代——一样都是时代创造的，人的道德、人的感情，也像人的自身一样，都是时代的产物。在巴黎所说的道德，到亚速尔群岛[①]以远就成了恶习。任何东西都没有一成不变的价值。充满激情的人对世界的评价必定都像巴尔扎克让他们对女人作出的评价那样：女人的价值就看他们为这女人付了多少钱。作家由于自身就是时代的产物、创造物，所以没有能力从变化中取得不变的东西。他的任务只能是描写大气的压力，也就是自己时代的精神状态，描写联合力量的互相影响。要成为空气流动的气象学家、意志的数学家、激情的化学家、全国原始形态的地质学家。要成为一个多才多艺的学者，能够用一切仪器透视时代的身体，对时代的身体进行听诊，同时又是一切事实的收藏家，一个时代的风景画家，一个时代思想的军人。巴尔扎克的野心就是成为这样一个人。正因为这样，他既要孜孜不倦地记下宏伟壮观的事物，也要孜孜不倦地记下琐碎微小的事物。因此，巴尔扎克的作品，按照泰纳长期有效的话来说，就成了自莎士比亚以来最大的人类文献书库。巴尔扎克不愿意在个别作品上被人衡量，而想在总体上被人衡量。他愿意被人看作一片有高山也有低谷的地方，一片没有边界的遥远的地方，像暴露在外的裂缝和奔腾的洪流。把长篇小说看作内心世界百科全书的思想是随着巴尔扎克开始的——几乎也可以说是随着巴尔扎克停止的，如果不是来了个陀思妥耶夫斯基的话。巴尔扎克以前的作家只知道用两个办法推动昏昏欲睡的情节马

① 位于大西洋东中部的火山群岛。

达向前发展：他们或者研究从外部引起的偶然事件，这种偶然事件像强风一样吹到船帆上，把船推向前去；或者只把性爱的欲望即爱情的突变选做从内部推动的力量。于是巴尔扎克就计划写一个性爱的变调。对于巴尔扎克来说，有两种有所追求的人（前边已经说过，他只对有所追求的人及野心家感兴趣）：字面意义上的好色之徒，个别男人和几乎全部女人。爱情就是他们生于其下和死于其下的星座。但是在性爱中所唤醒的力量不是绝无仅有的力量，在其他人身上激情的突变丝毫不见减弱，推动的原始力不是化为雾气或者分散消失，而是以其他表现形态，以其他象征物保存了下来。巴尔扎克的长篇小说通过这种积极的认识达到了惊人的多彩多姿。

巴尔扎克还通过第二个现实来源喂养他的小说：他把钱带进了长篇小说。他这个不承认绝对价值的人，作为相对价值的统计学家严密地考察物品的表面价值、道德价值、政治价值、美学价值，特别是那种普通有效的交易价值——这种价值在我们的时代里就近乎绝对价值了，这就是货币价值。自从废除贵族特权以来，自从拉平了差别以来，货币就变成了血液，变成了社会生活的动力。每一种东西都受它的价值支配，每一种激情都受它的物质消耗支配，每一个人都受他外部的收入支配。付款是良心的某些大气状态的标准。巴尔扎克就把研究这些大气状态定为自己的任务。于是货币就在他的长篇小说中盘旋了。巴尔扎克不仅描写了巨额财富的增长和跌落、交易所里疯狂的投机活动，不仅描写了耗费精力如同进行莱比锡战役和滑铁卢战役一样的大战役，不仅描写了出于贪婪、仇恨、挥霍、爱好、野心等攫取金钱的二十种典型，也不仅描写了那些为金钱而爱金钱的人、那些为象征意义而爱金钱的人，还有那些只是把金钱作为达到自己目的的手段的人，而且是援用数以千计的例证说明金钱如何渗透进最高贵、最文雅、最非物质的情感之中的第一个人和最勇敢的人。他所有的人物都精打细算，就像我们在生活中不由自主地所做的那样。他的那些到巴黎来的新手很快就熟悉了，参加一次上层社交聚会要花多少钱，一套时髦的服装值多少钱，一双光泽明亮的鞋子值多少钱，一辆新马车值多少钱，一套住房值多少钱，雇用一个仆役要多少钱，如此等等成千上万人都要付钱、都该学会的琐碎事情。他们都知道由于穿的背心不合时尚而受轻视的灾难。他们很快就懂得了，只有金钱或者钞票能炸开一座座大门。于是从他们低贱的、不间断的忍气吞声之中就发展起了巨大的激情和坚定的野心，而巴尔扎克就和他们走到了一起。他为挥霍的人计算支出，为放高利贷的人计算利润，为商人计算收入，为花花公子计算债务，为政治家计算贿赂。这一笔笔金额就是惶恐心情升高的分度数字，就是接近灾难的气压表压力。因为金钱是一切野心的物质仓库，因为金钱渗透了一切感情，所以巴尔扎克这位社会生活的病理学家为了认准病患身体的危象，不得不对血液进行显微检验，以便确定血液的金钱含量。一切人的生活都是用金钱满足的，金钱是疲惫的肺需要的氧气，谁也不能缺少金钱。有野心的人为了他的野心不能缺少金钱，恋人为了他的幸福不能缺少金钱。最能忍受缺钱之苦的是艺术家。这一点，巴尔扎克知道得最深刻，他肩膀上有十万法郎的债务这样骇人的重压。他经常是短暂地——在工作的极度兴奋之中——从肩膀上抛开债务，但最后债务还是毁灭性地落到了他的身上。

巴尔扎克的作品是无法估量的。他那八十大卷书里有一个时代、一个世界、一代人。在此以前，从来没有人自觉地尝试过这样巨大的工程，强大意志的狂妄也从来没有得到过更好的报酬。那些爱好文学的人，他们想在晚上得到休息，逃出自己狭小的世界，从而看到新的景象和新的灵魂，巴尔扎克给他们提供刺激和变化的消遣。给剧作家的是上百部悲剧的题材；给学者的是大量的课题和推动，那是他这样一个吃得过饱的人顺手从餐桌上抛给他们的一些面包碎片；给恋人们的是一种简直堪称典范的极度兴奋的热情。但是，给作家的遗产是最巨大的。在《人间喜剧》的计划中，除了已经完成的长篇小说以外，还有四十部未完成的和没有写出的长篇小说。其中一部名叫“莫斯科”，另一部名叫“瓦格拉姆平原”，再一部是关于维也纳周围的战斗，还有一部是关于激情的生活。所有这些都没有写完，这几乎是一种幸运。巴尔扎克曾经说过：“天才是随时能够把自己的思想转化为行动的人。但是最伟大的天才也不能持续不断地发挥这种才能。否则他就和上帝太相似了。”巴尔扎克如果完成了所有那些长篇小说，把各种激情和事件都囊括其中，那么，他的作品就会成为不可理解的了。它就会成为一头巨兽，成为一种恐吓，以其不可企及性吓退所有后来人；而现在它——无与伦比的未竟之作——对于每个奔向不可企及的创作意志的人都是莫大的激励，都是最宏伟的典范。

狄更斯

不，人们不应该从书籍和传记中查阅查尔斯·狄更斯被同代人热爱到什么程度。爱只生活在讲述的言语中。所以必须让人来讲述，而且最好是由这样一个英国人来讲述：他对青年时代的回忆还能追溯到狄更斯最初取得成果的那个时期，让那些在五十年后仍然不会确切地把《匹克威克外传》的作者称作查尔斯·狄更斯，还只是不断地用更亲切、更深情的老绰号“波兹”称呼狄更斯的那些人中间的一个来讲述。从这些人动情的忧伤回忆中可以估量出那成千上万人的热情。当时他们都是以狂热的着迷接受蓝色的《小说月报》的，今天它们成了藏书家的珍本，都已经在抽屉和书橱里发黄了。

这些“老狄更斯分子”中的一位是这样讲述给我听的：当时，每逢邮件日，他们都从来不忘记在家里等候邮差。最后邮差终于把波兹的蓝色新期刊邮包送来了。他们盼望了整整一个月。他们等候，期待，还争论科波菲尔是会和朵拉结婚呢，还是会和艾格尼斯成为伉俪。他们都为密考伯的境遇出现危机感到高兴——他们倒也知道，密考伯会用烫热的潘趣酒和良好的心情英勇地克服危机的！现在他们还得等候，等候，一直等到邮差坐在慢腾腾的马车上，来把所有这些令人不快的哑谜解开为止吗？他们可不能那样等下去，那样根本不行。于是在到期的邮件日，老老少少年复一年都迎着邮差步行五六里地，为的是早一点儿拿到自己的书。他们在走回家的路上就已经开始读了，甚至一个人从另一个人的肩膀旁边看刊物，还有个人在高声朗诵。只有最好心肠的人为了尽快把胜利品送给妻子和孩子才大步流星地往家走去。那个时候，每个村庄，每个城市，全国，乃至移居到各大洲的英国人的世界，都像这个小乡镇一样热爱查尔斯·狄更斯，都从与他相遇的第一个小时起一直热爱到他生命的最后一个小时。十九世纪，在其他地方的作家与他的民族之间都没有类似恒久不变的深情关系。他的名声像火箭一样腾空升起，而且从来不熄火，像太阳一样稳定地照在世界的上空。《匹克威克外传》第一期印了四百册，第十五期就印了四万册。他的声望就以这样的雪崩之势冲进了他的时代。狄更斯也很快打开了通往德国的路。成千上万册小型廉价书甚至到德国中心腹地的犁沟里播种欢笑和乐趣。小尼古拉斯·尼克贝、可怜的奥列佛·退斯特以及这位永不枯竭的作家的其他数以百计的人物都流传到了美国、澳大利亚和加拿大。现在有数百万册狄更斯的书在流通。有大开本，有小开本，有厚本，有薄本，有穷人读的廉价本，美国那里还有有史以来为一位作家打造的最昂贵的珍藏本（售价为三十万马克，我相信这是为亿万富翁出的版本）。但是今天还一如当年，盘踞在这些书里面的依然是快乐的欢笑。只要把书翻上几页，这种欢笑就会像啾啾鸣叫的鸟一样在周围拍翅起飞。这位作家受到的爱戴是空前的。如果他受到的爱戴在若干年的过程中没有升高，那么，这只是因为热情再找不到更高的等级了。当狄更斯决定进行公开朗读，第一次面对面走向他的读者的时候，全英国都为之狂喜。人们拥进大厅，把大厅塞得满满的，狂热的爱好者还紧紧抱住大厅里的柱子，或者为了能听到所爱戴的作家的讲话，爬到讲坛的下边。在美国，人们冒着冬季的严寒自带被褥睡在售票处前边。邻近饭店里的招待员给这些人送来饭菜。但是拥挤程度总是有增无减，大厅都显得太小，最后在布鲁克林为这位作家布置了一个教堂作为朗诵场地。狄更斯便在布道坛上朗读奥列佛·退斯特的奇遇和小耐儿的故事。狄更斯的声望从未起伏不定。他把瓦尔特·司各特挤到了旁边，他使得萨克雷的天才一辈子黯然失色。而当火炬熄灭，也就是当狄更斯去世的时候，就好像是撕裂了整个英语世界的心。大街小巷里陌生人之间谈论的都是这件事，惊恐不安的伦敦就好像是经历了一场惨败的大战役。他被安葬在英国的万神殿，即威斯敏斯特教堂里，位于莎士比亚和菲尔丁之间。成千上万的人拥到这里来。朴实无华的纪念馆里天天都摆满了鲜花和花圈，而且时至今日，在四十年后，从此路过的人还很少有没看到怀念的人撒下的几朵鲜花的。虽然年深月久，他的声誉和所受的爱戴却没有枯萎。现今，正如当初英国把完全出乎意料的世界性荣誉的礼物放到一个毫无所知、没有名气的人手里时一样，狄更斯依然是整个英语世界里最受爱戴、最令人惊叹和为人赞颂的叙事文学作家。

一个作家的作品无论就广度讲还是就深度讲，都产生了如此惊人的巨大影响，只有通过两种常常互相抵触的成分罕见地会聚到一起才能实现，即通过一个天才的人与其时代传统的一致性才能实现。一般来说，传统的东西与天才是相互抵触的，犹如水火不能相容。确实，作为一种正在形成的传统所体现出来的精神与过去的传统相敌对，作为一个新家族的男性祖先宣告与渐归消亡的同族的争斗，这简直成了天才的标志。天才和他的时代很像两个世界，诚然相互交换光明与阴影，但是在其他领域里却挥拳相向。它们在各自循环的轨道上相遇，但从来没有一致过。现在这里正是星空中那种罕见的时刻，一个天体的阴影罩住了另一个天体光明的表面，于是这两个天体便相互一致了。狄更斯是他那个世纪里唯一内心意图与时代精神的需要完全相符的伟大作家。他的长篇小说与当时英国的欣赏口味是彻底一致的。他的作品是英国传统的具体化：狄更斯是幽默，是观察，是道德，是美学，是精神和艺术的内涵，是海峡彼岸六千万人所特有的，对我们来说常常是陌生的、也常常是眷恋与同情的生活感情。他不是写出了一部作品，而是写出了英国的传统，写出了最有力、最丰富、最奇特，因而也最危险的现代文化。对于这种文化的生命力切不可低估。与德国人是德国人相比，每一个英国人都更加是英国人。英国气质不是如同一层表皮，不是如同涂在人的精神机体表面的颜色。它渗透到人的血液中，规律地影响血液的节奏，使一个人最内在、最秘密、最独特的东西充满生气，那就是艺术性。英国人作为艺术家也比德国人或者法国人更有民族责任感。因此，在英国，每个艺术家，每个真正的作家都在内心里与英国气质作过斗争。然而甚至最激烈、最绝望的仇恨也没能抑制住传统。传统以其纤细的血管深深地植根于内心的土壤中，以至于谁要想去掉英国气质，他就得撕碎整个机体，就会伤重流血而死。有几位贵族非常渴望成为自由的世界公民，曾经进行过冒险。拜伦、雪莱、奥斯卡·王尔德都想要消灭自己身上的英国气质，因为他们都憎恶英国人身上的这种永恒的东西，但是他们只是撕碎了自己的生命。英国的传统是世界上最强有力的传统、获胜最多的传统，但是对于艺术来说也是最危险的传统。因为它是阴险的：它不是酷寒的不毛之地，不是不吸引人的或者不好客的。它用暖烘烘的炉火和柔软舒适的设备引诱人，但又用道德的限度围上篱笆，进行自我束缚、自我调整，因而与自由的艺术家的欲望很合不来。它是一所简朴的住房，有断断续续的微风，又能防御有危害的生活暴风雨。这里有欢乐和愉快，也很好客，是个具有使得市民阶级心满意足的壁炉炉火的真正的家。不过对于以世界为家的人来说，对于无拘无束的以游牧民族快乐的离奇漫游为最大乐趣的人来说，它就是一座监狱。狄更斯很愉快地适应了英国的传统。他在这种传统的四壁之中深居简出。他觉得在祖国的范围里很舒适，因而终生从未越出过艺术上、道德上或者美学上的英国界限。狄更斯不是个革命者，在他身上艺术家与英国人是协调一致的，而且逐渐完全溶解为英国人了。他的作品是他的民族不自觉地变成艺术的意志，因此，每逢我们在确定他作品丰富的内容、珍贵的优点和疏忽的可能性的时候，我们总是同时在和英国进行争论。

狄更斯是在拿破仑的英雄世纪即光荣的过去，和帝国主义即拿破仑的未来之梦之间的英国传统最高的诗意表现。如果说他为我们做出了异乎寻常的业绩，而没有做出他的天才本该使他做出的强大业绩，那么，问题不在于英国，不在于阻碍他的种族本身，而在于那个无辜的时代：英国的维多利亚时代。莎士比亚也是一个英国时代的最高可能性和最诗意的完成，但是那是在伊丽莎白时代，是在强大的、喜欢行动的、青春少年似的、感觉清新的英国的时代。当时英国第一次要扩展成由于抑制不住的充沛精力而显得急躁和颤抖的世界帝国。莎士比亚是事业、意志、精力的世纪的儿子。那时新的视野出现了，在美洲取得了一个个惊险离奇的王国，粉碎了世仇之敌，文艺复兴之火在意大利闪出亮光并传到了北方的云雾中，一个神及一个宗教结束了，世界又充满了崭新的、生气勃勃的价值。莎士比亚是英雄的英国的化身，狄更斯则只是资产阶级的英国的象征。狄更斯是另一个女王，即温和的、家庭主妇般的、无足轻重的老女王维多利亚的忠实臣仆，是一个拘谨的、舒适的、井然有序的，然而没有气魄、没有激情的国家体制的公民。他向上的精力被那个不是感到饥饿而是只想消化的时代的重量阻拦住了。软弱无力的风只能与船帆戏玩，绝不会把大船从英国海岸推到危险而又美丽的未知世界，推到人迹罕至的无限远处。他始终小心谨慎地留在家乡附近，留在自己习惯的事物中，留在世代流传下来的事物中。正如莎士比亚是贪得无厌的英国的勇敢那样，狄更斯是饱食终日的英国的谨慎。狄更斯生于一八一二年。当他的眼睛能够张望四周的时候，世界变得昏暗了，将要烧毁欧洲各国腐朽的梁架结构的巨大火焰熄灭了。近卫军在滑铁卢被英国步兵粉碎了。英国得救了，而且看到夙敌孤独一人被流放到了海岛上，既没有大炮，也没有权力，毁灭了。这种事狄更斯再没有经历过。他再没有看到过那以红彤彤的光亮从欧洲的这一端逐渐照到另一端的世界性火焰。他的目光就在英国的大雾中搜索。这个年轻人再也没有找到英雄，英雄的时代过去了。可是在英国有几个人不肯相信这一点。他们想用强力和热情扭转滚滚向前的时代车轮，给世界以昔日呼啸奔驰的活力。但是英国想要安静，就把他们赶了出去。他们在浪漫派之后逃进了他们的隐蔽角落。他们想从可怜的微光之中重新燃起熊熊火焰，然而命运不受此强制。雪莱淹死在第勒尼安海里，拜伦爵士在米索隆基患寒热病而死：时代不愿再出现侥幸奇遇了，世界是苍白色的。英国惬意地吃着仍然鲜血淋淋的战利品。资产者、商人、经济人都是国王，而且在王位上舒展腰肢，就像在躺椅上一样。在当时为人喜爱的艺术必须是有助于消化的。这种艺术不能进行干扰，不能以狂热的感情鼓动人，只能抚慰和用手指轻挠。这种艺术只可能是多愁善感的，而不会是悲剧性的。人们不愿意看到恐惧，恐惧能像闪电一样裂开胸膛，切断呼吸，让鲜血结冰——当报纸从法国和俄国到来的时候，人们从实际生活中对鲜血就非常了解了——当时的人们只想舒服地打打呼噜，开开玩笑，把故事的彩色线团不停地滚来滚去。那时候的人想要的是壁炉艺术：当暴风雨摇撼山岳的时候，坐在壁炉跟前舒适地读书。这时火舌闪动蹿跳，分裂成没有危险的小火苗。这是一种像饮茶一样舒暖人心的艺术，不是使人狂躁冲动的艺术。从前的胜利者现在变得畏首畏尾。他们所想的只是保持和防护，而不敢再有丝毫的冒险和改变了。他们对自己强烈的感情感到害怕。在书柜中也如同在生活中一样，他们只愿有不冷不热的感情，而不愿有冲锋陷阵的冲动。他们永远只愿意有一本正经地散步的正常心态。当时在英国，幸福是与安逸同一的，审美学是与安分守己同一的，爱情是与婚姻同一的。一切生活价值都是贫血的，英国是满足的，不想有所改变。一个如此沾沾自喜的民族所能赞许的艺术，不管方式如何，必定也是满足的，对现存事物是赞颂的、不想超越的。这种追求愉快、亲切的艺术的意志，追求一种有助于消化的艺术的意志找到了它的天才，就像当年伊丽莎白的英国找到了它的莎士比亚一样。狄更斯是当时英国变化了的艺术需要的创造物。他恰逢其时地到来，建立了他的声望。他被这种需要控制住了，这就是他的悲剧。他的艺术从伪善的道德中，从沾沾自喜的英国的舒适中吸取了滋养。如果他的作品背后没有如此异乎寻常的、富有诗意的力量，如果不是他那光闪闪、金灿灿的幽默超越了内在感情的苍白无力，起到迷惑的作用，那么，他就只有在他那个英语世界里的价值；我们对他不会感兴趣，就像对待海峡对岸心灵手巧的人所制作的上千部长篇小说一样。只有从内心深处憎恶维多利亚时期文化虚伪与浅薄狭隘的人才能怀着无限的钦敬估量这个人的天才。他迫使我们把这个令人厌恶、沾沾自喜的富裕世界作为有趣的世界，甚至作为值得喜爱的世界来感受。他把平庸乏味的生活散文解救成了诗。

狄更斯本人从来没有对这样一个英国宣战。但是在内心深处——在潜意识的底层——在他身上进行着艺术家与他这个英国人的搏斗。他本来是坚定自信地迈开大步前进的，但是他在那个时代柔软的、半坚硬半松软的沙地里走得很疲乏了，而且后来愈来愈经常地走进古老宽大的传统脚印里。狄更斯被他的时代控制住了，他的命运总是使我不由得想起格列佛在小人国居民中间的惊险奇遇。巨人格列佛睡着的时候，侏儒们用上千条绳子把他缠住。他醒来时他们把他紧紧绑好，在他没有投降和发誓永不破坏该国法律之前，不许他享有自由。英国传统也是这样把在默默无闻中熟睡的狄更斯用网缠住和紧紧绑住的。英国传统用成果把他紧压在英国的乡土上，把他拖进声望里，进而缚住他的双手。在漫长抑郁的少年时代以后，狄更斯当上了国会的速记员，并一度尝试写随笔。这与其说是出于创作上的渴望，不如说是为了增加收入。第一次尝试成功了，报纸录用了他。随后有个出版商请他为一个俱乐部写些讽刺性的杂文，在某种程度上就是对英国绅士阶级漫画的文字说明。狄更斯接受了任务，他获得了成功，而且远远超出预期。《匹克威克俱乐部》最初几期就取得了前所未有的成功。两个月以后波兹已经是全国知名的作家了。名声把他继续向前推进，于是《匹克威克外传》就变成了一部长篇小说。他再次取得了成功，于是一张小网即全国名气的隐蔽枷锁便收得愈来愈紧了。赞扬把他从一部作品推向另一部作品，并越来越推进当代人口味的方向。由赞扬、引人注目的成功和艺术家心愿的自豪意识乱纷纷地织成的这千百张网把狄更斯紧紧地捆绑在英国的土地上，一直绑到他投降，并且从内心里发誓永远不超越祖国的美学法则和道德法则为止。狄更斯始终停留在英国传统的威力之下，停留在资产阶级趣味的威力之下。他始终是一个处于小人国居民中间的现代格列佛。他那绝妙的幻想本来能够像一只雄鹰那样飞出那么一个狭隘的世界，然而他却在成功的脚镣中伤害了自己。内心深处的满足重压着艺术家的上进心。狄更斯是满足的。他对世界是满意的，对英国是满意的。他对同代人是满意的，同代人对他也是满意的。他们双方都不想要任何改变，只要原来的样子。他身上没有想要惩罚、提醒和振奋的激愤之爱，没有大艺术家那种为改变自己的世界并根据自己的感觉重新创造世界而与上帝争论权利的原始意志。狄更斯是虔诚的、敬畏的。对于一切现存的东西都表示一种善意的赞佩，表现出一种永远是孩子去游玩时的狂喜。他是心满意足的，他所希求的不多。他曾经是一个十分贫寒的、被命运遗忘的、被世界吓坏了的男孩子。可怜的职业又耗费掉了他的青年时代，那时候他有过色彩斑斓的渴望，但是大家把他推回到漫长的、坚持忍受的畏惧之中。这使他内心焦急如焚。他的童年时代是一种真正富有诗意的悲剧性经历：他那创造性意愿的种子被埋进了沉默痛苦的肥沃土壤。当后来拥有力量和发挥广泛影响的可能性时，他内心最深处的愿望就是为自己的童年时代进行报复。他要用他的长篇小说帮助所有贫苦的、被遗忘的、被抛弃的孩子们，帮助那些像他一样由于教师表现恶劣、学校疏忽失职、父母漠不关心以及大多数人懒散冷酷与自私自利而受到不公正待遇的孩子。他想拯救孩子们本来就不多的色彩艳丽的鲜花，即儿童的欢乐。在他自己的胸中，儿童的欢乐之花早已由于缺乏亲切的露水而枯萎了。后来生活给他提供了一切，于是他就再也不知道谴责了，但是童年时代在他心里呼唤复仇，因此帮助这些弱小者就成了他唯一的道德意图，成了他进行写作的内心生活意志：在这里他想改善当代的生活制度。他不摒弃当代的生活制度，他不挺身反对国家的规则，他不威胁，他不向整个种族、不向立法者-资产阶级、不向一切习俗惯例的虚伪欺骗伸出愤慨的拳头。他只是偶尔小心翼翼地用手指指出一处公开的创伤。当时——一八四八年前后——英国是欧洲唯一没在进行革命的国家。因此，狄更斯也不想进行彻底变革、重新创建，而只想修正和改良，只想在社会不公正现象的荆棘过分尖利并刺得人疼痛难忍的地方把荆棘磨掉，减轻一点痛苦，但是绝不去挖掉和捣毁它的根——最内在的原因。狄更斯作为真正的英国人是不敢触及道德的基础的。他这个保守派觉得道德基础就像福音书一样，是神圣不可亵渎的。他那种心满意足——由他那个时代软弱呆滞的性格中煎熬出来的药汁——很能表明他的特征。他向生活要求不多，他的主人公们也一样。巴尔扎克笔下的主人公是贪婪的，有权势欲望的，是被渴求权力的野心烧焦了的，对什么都不满足。他们全都贪得无厌，每个人都是世界的征服者，都是彻底的变革者，同时又都是无政府主义者和暴君，他们都具有拿破仑式的气质。陀思妥耶夫斯基的主人公也都是性格刚烈和热情兴奋的，他们的意志就是要抛弃这个世界，并且在对现实生活最庄严的不满足中追求真正的生活，他们不想做公民和普通人，他们每个人身上都从极其谦恭里闪射出要当救世主的危险的骄傲。巴尔扎克的主人公想要奴役全世界，陀思妥耶夫斯基的主人公想要战胜全世界。他们两人都有超越日常生活的紧张精神，都勇往直前，走向无限远的地方。而狄更斯笔下的人物恰恰相反，都很谦卑。我的上帝，他们都想要些什么？想的是每年有一百镑的收入，一个漂亮可爱的妻子，十多个孩子，能够为好朋友摆出令人愉快的餐桌，他们在伦敦附近的乡间别墅，窗子前边一眼望去尽是绿草地，还附带一个小花园。他们的理想是一种市侩的理想，一种小市民的理想。对于狄更斯的书我们只能由此找到头绪。狄更斯作为创作者立于作品之后，不是激愤的天神，宏伟非凡，而是一个心满意足的观察者，一个忠诚的市民。市民气就是狄更斯所有长篇小说的氛围。

因此，他伟大的、令人不能忘怀的业绩，老实说，只能是去发现资产阶级浪漫派没有诗意的诗。他是第一个把日常生活踅入富有诗意的东西里的人。他让太阳穿透死气沉沉的灰色，照耀起来。因此，在英国谁要是看到过不断增强的太阳穿过阴霾的云团雾气喷吐出的金黄色光芒是如何照射的，那么，他就会知道，一个使全民族在艺术上得到从昏睡状态解放出来的这个时刻的作家必定使自己的民族感到多么强烈的兴奋。狄更斯就是围绕英国日常生活运行的这个金光巨轮，就是纯朴事物和普通百姓的光环，就是英国的田园诗。他在郊区狭窄的道路上寻找他的主人公，寻找他的命运，而其他作家对郊区是毫不理会地走过的。其他作家在贵族沙龙的枝形吊灯下边，在通往童话仙林的大路上，寻找自己的主人公。他们研究遥远的事物、异乎寻常的事物和特别杰出的事物。他们认为市民是物化了的地球重力，他们只想寻找热情的、宝贵的、昂扬奋发的心灵，寻找情感丰富的人，寻找英雄。狄更斯不以把十分平凡的上班族写成主人公为耻。他本人就是一个自力更生的人。他来自下层，因此对下层的环境保持着一种动人的崇敬之情。对于平庸的事物他表现出十分引人注目的热情，对于毫无价值的陈旧东西，对于日常的琐碎事物，他感到欢欣鼓舞。他的书本身就是古董铺，里边摆满了陈旧的破烂，谁都会认为毫无价值。那些东西离奇古怪、滑稽无用、乱七八糟，几十年等待爱好者都属徒劳。但是他拿起这些陈旧、无价值，而且满是灰尘的东西，擦得闪闪发光，并且把它们组合起来，摆放到令人心情喜悦的阳光下边。于是这些东西突然都闪射出了前所未有的光辉。他就是这样从普通人的胸中取出很多细小的、被人轻蔑的感情，仔细聆听，装配上齿轮，直到它们都又生机盎然地滴滴答答出声为止。骤然间，这些东西都像音乐闹钟一样开始嗡嗡作响，隆隆出声，继而唱起温柔古老的曲调来。那曲调比起传奇国土里忧郁伤感的骑士叙事歌谣和湖上夫人的抒情歌谣更为悦耳动听。狄更斯就这样把整个市民的世界从被遗忘的灰堆里扒拉出来，而且又光彩照人地装配起来。市民世界到了狄更斯的作品里才又变成了一个有生命的世界，对于它的愚昧和局限，狄更斯通过宽容使得人们可以理解，对于它的美，狄更斯通过爱使得它格外鲜明。他还把市民世界的迷信转变成一种新的、颇有诗意的神话。家乡炉灶旁蟋蟀的嘤嘤叫声现在成了音乐，进入了他的中篇小说。除夕的钟声讲起了人的语言。圣诞节的魔术师使得创作与宗教感情和解了。他从最微不足道的节庆里找出一种深刻的意义。他帮助一切淳朴的人发觉自己日常生活中的诗。他使他们觉得他们的家，这个本来就是最可爱的东西显得更加可爱。在狭小的房子里，壁炉的红色火苗噼啪有声，炉中干透的木柴不时爆裂开来，餐桌旁的茶壶在嗡嗡哼唱。这种别无他求的生活与贪得无厌的暴风雨——世界性的疯狂冒险——是隔绝的。狄更斯想把日常生活的诗教给所有被吸引在日常生活中的人。他向成千上万乃至数百万人说明了：永恒性在他们可怜的生活中下降到了什么地步，平静欢乐的火星在什么地方被日常生活的灰烬掩盖了。他教给人们如何使火星燃亮起来，成为欢乐舒适的通红炭火。他一心想要帮助穷苦人和孩子们。对于一切物质上或者精神上超出社会生活里中产阶级水平的东西，狄更斯都表示反感。他全心全意喜爱着惯常的东西、平均的东西。他对于富人和贵族等生活的特权者颇怀怨恨。这些人在他的书中都是流氓、无赖和吝啬鬼，极少是肖像画，几乎总是漫画。他不喜欢他们。他是个孩子的时候到马夏尔西债务监狱①去给父亲送信的次数太多了。他看到过扣押财物，也深知钱令人高兴的必要性。年来年去他一直待在亨格福德几层楼上一间狭小、脏乱，而且不见阳光的房子里。他往平底锅里抹擦鞋油，用绳子每天包捆千百个鞋油盒，一直干到他的小手疼痛难忍，在饱受歧视中眼泪夺眶而出。他在伦敦街头寒冷的晨雾中对饥饿和贫困无比熟悉。那个时候没有人来帮助他。豪华的马车从他这个冻僵的孩子身边驶过去，骑兵从他身边疾奔而去，家家都不开门。他完全是从小孩子们那里知道了善良。因此，他也只把才干回赠给小孩子们。他的作品具有卓越的民主性，这不是说是社会主义的，他缺乏那种激进的思想。完全是爱与同情给了他的创作以激情之火。他最喜欢待在市民的世界里，也就是在贫民院和领养老金者之间。他只有在这些淳朴的人身边才感到舒

① 伦敦关禁债务人的监狱，一八四二年被废除。

服。他把他们的房间都描写得宽大舒适，就像他想住的房子那样。他给他们编织色彩缤纷而且总笼罩着一层太阳光辉的命运，做他们那些简朴的梦。他是他们的律师，是他们的传道士，是他们所喜爱的人，是他们那简单朴素和色调灰暗的世界里明亮而且永远温暖的太阳。

但是这种卑微存在的简朴现实通过狄更斯变得多么丰富多彩呀！整个市民阶级连同他们的家具、千差万别的职业，还有看不见的混合感情，都聚集起来，又一次变成了一个宇宙，一个拥有群星和众神的宇宙。一种敏锐的眼力从这些普通百姓平面的、静止的，几乎是波澜不惊的镜子里看到了财宝，并用编织得最精细的网把财宝提到了光亮处。他从熙攘杂乱的人群中捕捉到自己的人物。噢，那是多少人呀！有数百个人物形象吧，全都住在小城市里。这些人物在文学中是不朽的，而且还超越文学进入了人们现实生活的语言概念中。在这些人物中令人难以忘记的有匹克威克和山姆·维勒，培克斯尼夫和贝西·特罗特伍德，以及所有那些名字在我们心中魔术般点燃起微笑的回忆的人。他的长篇小说内容多么丰富呀！《大卫·科波菲尔》的插曲本身就是足以供给另一个作家写富有诗意的毕生巨著的真实材料。狄更斯的书就其内容的丰富和不断感动人的意义上说也是真正的长篇小说，不像我们德语的长篇小说，几乎都是硬拉够篇幅的描写心理的中篇小说。在狄更斯的书中没有僵死之处，没有荒凉的沙地。它们拥有事件的落潮和涨潮，而且真的，那些事件就像大海一样，一望无际，难以测定。麇集在一起欢乐而又粗野的混杂人群几乎使人难以看到全貌。这些人冲上中心舞台，一个人又把另一个推了下去。看来只是散步走过场的人物却没有走失一个。所有的人都互相补充，互相促进，互相敌对，都在聚集光明，或者在聚集阴影。混乱、欢乐和严肃的复杂纠结在捉弄人的游戏中，把情节的线团滚来滚去。感情的一切可能性都在迅速进行的音阶中发出高高低低的声音。一切事物都是混合杂拌：欢呼、恐惧和目空一切。忽而是感动的泪珠闪光，忽而是狂喜的泪珠生辉。乌云密布，然后破碎零散，再度堆积如山，但是最后阳光灿烂，散发出大雷雨之后的清新空气。有些长篇小说是一部包括千百次肉搏战的《伊利昂记》，是无神的、人间世界的《伊利昂记》；有些则是宁静温和、朴实无华的田园诗。但是他所有的长篇小说，卓尔不群的也好，不易阅读的也好，都有极其纷纭繁杂的特点。而且他所有的长篇小说，甚至最激愤和最忧伤的小说，都在悲剧风光的岩缝里散布些小巧妩媚的动人之处，犹如鲜花一般。这种令人难忘的优美雅致的花朵到处繁茂盛开，像欧洲紫罗兰的小花，简朴谦卑，隐而不露，在狄更斯小说中最不引人注意的草原里等待着。无忧无虑的欢快清泉从不期而遇的事件的深暗岩石中间到处喷涌而下，响声悦耳。在狄更斯的书中有些篇章的效果可以与风景画相比。它们是那么纯洁，那么神圣，毫无人世欲望的影响，充满欢乐温和的人情味，并且阳光照临，欣欣向荣。为了这些篇章人们就不能不喜欢狄更斯，因为这样大量的精巧技艺遍布全书，丰富多彩，这就有了重要意义。有谁能够逐一列举出他的那些混杂的、兴高采烈的、心地善良而又略显可笑和总是很有趣的人物来呢？这些人物都是突然出现的，都有奇想怪癖和个人特性，都被安置在不常见的职业里，都卷进了滑稽的奇遇。然而，尽管这些人物很多，却没有一个人与另一个人相似。这些人物在最小的细节上都是精雕细刻的，在他们身上根本没有模式和铸件。一切都是感性生活，都是生气勃勃的。这些人物都不是冥思苦想出来的，而是曾经亲眼目睹的。让我们看看这位作家无与伦比的眼力吧。

狄更斯的眼力具有举世无双的精确性，真是一部奇妙的、不出差错的仪器。狄更斯是一位视觉的天才。人们都喜欢细看他的每一幅肖像，无论是青少年时代的，还是成年时代的。肖像上的眼神显得引人注意、沉着镇定。那不是作家的眼睛，在美丽的奇思妙想中不停地转动，在哀歌式地、迷迷糊糊地打盹儿。它不是软弱的、顺从的，也不是奋发地幻想的。那是一双英国的眼睛：冷静、灰暗、敏锐、闪光，就像纯钢一样。它还坚强得像保险柜，里边存放着不知他在什么时候——昨天或者多年以前——从外界收集到的东西。不会燃烧，不会遗失，在一定程度上还是密不透风的。有崇高伟大的东西，也有最无关紧要的东西。例如一家伦敦杂货店的一个彩色招牌——那是很久以前，他还是个五岁的孩子的时候看到的，再如一棵正对着窗子的枝叶繁茂的树。这双眼睛什么都不会漏掉，它们比时间更坚强，把一个个印象十分珍惜地排列在记忆库里，供作家随时取用。这里什么东西都不会被遗忘，都不会变得苍白或者没有生气。这里的一切东西都存放着，等待着，始终保持着香味和汁水，保持着鲜明色彩，什么东西也不会坏死或枯萎。狄更斯眼睛的记忆是无人可比的。他用自己的钢刀分解开了童年时代的烟雾：在

《大卫·科波菲尔》这部经过乔装打扮的自传里，两岁的孩子对母亲和女用人清晰的回忆，有如从无意识背景中剪下的侧面影像。在狄更斯笔下没有模糊不清的轮廓。他不写幻景多义的可能性，而是迫使幻景明朗化。他的表现能力不给读者的幻想留下自由的意志，他压制读者的幻想（因此他就成了一个没有幻想的民族的理想作家）。如果召来二十位画家，让他们为科波菲尔和匹克威克画像，那么，一张张画出来的像看起来都很相似。在难以解释的相似之中都会画出穿着白背心、眼神和蔼、戴眼镜的胖绅士和一个坐在往大雅茅斯去的邮车上的淡黄色头发、长相漂亮但有些胆怯的男孩。狄更斯描写得清晰、鲜明、无微不至，因此画家只能顺从他那使人着迷的眼力。他没有巴尔扎克那种魔术般的眼力，让人们摆脱他们激情杂乱无章形成的云雾，他的眼力是完全人世的眼力，水手的眼力，猎人的眼力，一种观察细微人性的鹰的眼力。有一次他说：构成生活意义的是琐碎小事。他的眼力捕捉细小特征。他看得到衣服上的污点以及窘迫中一筹莫展的细小姿态，他揪得住一个勃然大怒的人深色假发下边闪现出来的红头发。他觉察得到细微的差别。在握手时，他觉察到每根手指的动作；在微笑中，他觉察到色调明暗的不同。狄更斯在进入文学创作时期之前在国会里当了许多年速记员。他在那时练就了把详情细述紧缩成简明扼要地用一条线代表一个词以及用一个短小的云状符号代表一个句子的本领。因此，后来他在写作也就使用起了一种真正的速写法。他用小的符号而不作描述，从五光十色的事实真相中蒸馏出观察的精华来。对于外貌的细小地方，他的眼光敏锐得令人吃惊。他对什么东西都不会忽略。他的目光就像照相机上的快门，能抓住一个动作、一个姿势的百分之一秒。什么东西都逃不过他的眼睛。通过一种非凡的目光折射，他的观察的敏锐程度还会提高。这种目光折射，不是像一面镜子那样以实际的比例重现物体，而是像一面凹面镜那样夸大物体的特征。狄更斯总是强调他的人物的特征，他从物镜里把特征转变成增强的特征、漫画的特征。他使特征更加鲜明，并把特征提高成为象征。大腹便便的匹克威克在精神上也变成了近乎圆形。瘦削的金格尔在精神上也是干瘦的。坏人成了恶魔，好人成了具体化的完美。像所有大艺术家一样，狄更斯也进行夸大。然而他不是夸大成宏伟壮丽，而是夸大成幽默滑稽。他的描写所取得的无法形容的愉悦效果根本不是出自他的心情，也不是出自他的傲慢，而是由于他眼睛的这种独特的反射能力。他的眼睛异常敏锐，能把任何现象在反映生活的基础上夸大成奇特美妙和漫画式的东西。

实际上，狄更斯的天才恰恰是在这种独特的镜头里，而不是在他有些过分市民化的思想里。狄更斯本来就不是神秘地理解人物内心的心理学家。他让事物从或明或暗处于神秘生长过程中的种子里发展出自己的色彩和表现形态。他的心理学始于可以看见的事物。他通过外部现象描写特征，不言而喻，也就是通过那只有作家锐利的眼睛才看得见的最新与最细微的外部现象。正如英国的哲学家一样，狄更斯也不是从假定开始，而是从特征开始的。他捕捉心灵最不引人注意的、完全是物质的表象，并通过他那漫画式的奇特镜头让所有特征在物质表象中一目了然。他根据特征识别出种类。他让小学教师的嗓音低弱，讲个单词也费力。人们都会预料到，孩子们害怕一个用力说话而使得额头青筋暴起的人。狄更斯的尤利亚·希普总是两手潮湿冰凉，这个人物形象一定令人感到不舒服，像看见蛇一样不愉快。

这些外表现象都是无关紧要的小事，但诸如此类的小事又总是影响到内心。有时候这不过是他描写的一个生动的怪念头，一个纠缠着人、使人像木偶一样做机械活动的怪念头。有时候他又用某人的随从来表现某人的特征——试想如果没有山姆·维勒，匹克威克会是个什么样子；如果没有吉普，朵拉会是个什么样子；如果没有乌鸦，巴纳比会是什么样子；如果没有矮种马，吉特会是什么样子！他不把人物的特征画在典型的身上，而是画到荒诞可笑的影子身上。他的人物性格其实总是特征的总和。但是这些特征都经过精心雕琢，所以能够互相适应，组合成一幅卓越的马赛克图案。因此，这些特征大多数是表面的、显著的，都能引起眼睛进行内容丰富的回忆，而不是一种感情上的模糊回忆。如果我们在心里呼唤巴尔扎克或者陀思妥耶夫斯基的一个人物，名字叫高老头或者拉斯柯尔尼科夫，那么，就会有一种感情，也就是对献身精神的回忆、对灰心绝望的回忆或者对激情混乱的回忆来作回答。如果有人对我们讲到匹克威克，那么，就会浮现出这样的图像：一位挺着突出的大肚子、态度平易近人、马甲的纽扣金光闪闪的绅士。这时我们会明白，人们想到狄更斯的人物，如同想到绘画，而想到陀思妥耶夫斯基和巴尔扎克的人物，如同想到音乐。后两位是凭直觉进行创作，而狄更斯则是复制式地进行创作；后两位是用精神的眼睛进行创作，而狄更斯则是用肉体的眼睛进行创作。他不是在感情因受梦幻咒语七倍热光的强制而像幽灵一样从无意识的黑夜中升出来的时候捕捉感情，他是到无形的影响在现实中留下印记的地方去守候它。他捕捉灵魂对肉体的千百次作用，他一次也不忽略。他的想象力就是他的眼力，这对于住在世界上中间范围里的感情和人物形象是足够用的。他的人物都是正常感情在适当温度下的立体形象。他的人物在激情的热度中会融化，就像蜡像在感伤中会融化一样；而在仇恨中则会僵化，变得很容易破碎。狄更斯只是对爽直的性格取得了成功，而对那些正处于由善到恶、由神到兽的千百种过渡状态，吸引力也各不相同的人，则没有取得成功。他的人物总是毫不含糊的，要么是超群出众的英雄，要么是卑劣无耻的无赖。他们都有先天注定的本性，不是额头上方有灵光，就是身上有罪人的烙印。他的世界摆动于善良与邪恶之间，摆动于感情丰富与毫无感情之间。此外，他的方法找不到进入关系神秘的世界，即万物神话般互相关联的世界的门径。宏伟的东西是捉不住的，英雄的东西是学不会的。狄更斯的荣誉和悲剧都在于，他始终停留在天才与传统之间的中心、闻所未闻与平庸陈腐之间的中心，也就是停留在人世间规定的轨道上，停留在可爱的事物中、令人感动的事物中，停留在惬意的事物和市民的事物中。

但是他不满足于这样的荣誉。这位田园诗人渴望悲剧，他不断向悲剧方面努力。但他充其量只能达到情节剧的限度。他的这些尝试都是令人不愉快的。《双城记》、《荒凉山庄》在英国也许被认为是高水平作品，但是对于我们来说，它们都是失败的，因为它们的宏伟姿态都是勉强作出来的。在这些书中向悲剧方面努力确实有其值得称赞之处。狄更斯在小说里堆积了许多阴谋诡计，突出了犹如巨块岩石落到主人公头上的重大灾难。他作法召来了雨夜的恐怖、人民起义和革命，他开动了惊骇和恐慌的整个机器。不过庄严的恐怖从未出现，他那恐怖只是畏惧，是纯粹的身体对惊骇的反射，而不是心灵的恐怖。那种深刻的震撼，那种由于害怕而让内心呻吟着，渴求在电闪雷鸣中得到解脱的暴风雨般的效果，在狄更斯的书中没有出现过。狄更斯把危险重叠堆积起来，但是人们不感到害怕。在陀思妥耶夫斯基笔下，人们有时候会突然凝视深渊。人们如果感觉到自己胸中的这种黑暗、这种无名深渊被撕裂了，就会急促地呼吸。人们会觉得脚下的土地正在消失，会感到一阵突然的眩晕，一阵猛烈但是甜蜜的眩晕，会想倒下，跌倒在地，同时又由于感觉到在愉快和痛苦都处于白热化的情况下无法区分二者而害怕起来。狄更斯笔下也有这样的深渊。他把深渊打开，装满黑暗，给人看深渊的全部危险，然而人们并不感到害怕。人们也没有精神上跌倒的那种甜蜜的眩晕——也许那就是艺术享受的最大诱惑。在狄更斯笔下人们总是感到很安全，就像抓住了扶手一样。人们都很清楚，狄更斯不会让人跌倒的，还知道，主人公不会遭遇灭顶之灾的。在这位英国作家的世界里舒展白翅飞翔天空的两位天使——同情和正义——会把主人公毫发无损地带过岩石裂缝和深渊。狄更斯缺乏残忍，缺乏走向真正悲剧的勇气。他没有英雄气概，而只是多愁善感。悲剧是进行抗拒的意志，多愁善感是对眼泪的渴望。狄更斯从未获得那种没有眼泪、没有言语、绝望痛苦的最后威力。温和的同情——如《大卫·科波菲尔》中的朵拉之死——是狄更斯所能圆满表现的最极端的严肃感情。当他准备进行真正重要的推进，同情总是会来掣肘他。同情之油（常常是变了质的）总是平息用咒语召唤来的元素风暴。英国长篇小说多愁善感的传统压制了要成为强者的意志。结局必定是一篇启示录，是末日审判，好人升上天堂，恶人遭受惩罚。可惜狄更斯把这种公道接收进了他的大多数小说。无赖们相互谋害，归于消失，傲慢者和富翁们破产了，而他的主人公们却都在安乐舒适地生活。这种地道英国式道德意识的过分营养使得狄更斯创作悲剧性长篇小说的宏伟灵感冷静下来。这些作品的世界观即为维持作品稳定而装配好的陀螺，不再是自由艺术家的公道，而是一个英国国教徒市民的世界观。狄更斯对感情进行审查，而不是让感情自由发挥作用。他不允许感情强劲奔放，如巴尔扎克那样，而是用堤坝和沟渠把感情引进河道，以转动市民道德的磨盘。传道士、教士、常识哲学家、教师都隐而不现地与他坐在艺术家的工作室里。大家聚集在一起，对他进行劝诱：他写给青年的榜样和告诫最好是一部严肃的长篇小说，而不是没有约束的实际情况留在视网膜上的短时间的感觉。当然善良的信念得到了报偿。狄更斯逝世的时候，温彻斯特的主教在他的作品旁边称赞说，可以放心地把狄更斯的作品放到孩子们的手里。但是他没有如实地表现生活，而是表现如人们想给孩子们描写的那样的生活，这就削弱了他的作品令人信服的力量。对于我们非英国人来说，他的作品里宣扬和充斥的高尚品德太多了。要成为狄更斯笔下的主人公，就必须是道德的典范、清教徒的样板。在同样也是英国人，当然是比较重视感官享受的那一个世纪的孩子菲尔丁和斯摩莱特笔下，主人公即便曾经打架斗殴，打伤过对手的鼻子，或者他虽然正在与他的贵夫人热恋，却又与贵夫人的使女同床共枕，也丝毫不会妨碍他是主人公。狄更斯甚至不允许放荡的人有这一类丑恶行为，他所写的行为放荡的人其实也是无害的。那些人的寻欢作乐即便一个老处女看了也不会臊得脸红。比如，迪克·斯维勒是个放荡不羁的人，究竟他有哪些地方放荡不羁呢？我的上帝，他喝了四杯乡下啤酒，而不是两杯，他付账款非常不守规矩，他还不时闲游闲逛。这就是全部。最后在一个适当的时刻，他得到一笔遗产——当然是一笔不大的遗产——并且极其体面地与在道德轨道上帮助过他的姑娘结了婚。在狄更斯笔下甚至无赖也不是真正不道德的，他们尽管有种种劣习，却都没有去付诸实行的男子气概。这种企图遮掩性欲的英国式谎言成了他的作品的商标。狄更斯伪装斜视，忽略不愿看到的东西，把有所觉察的目光从实际情况上转开。维多利亚女王的英国阻止了狄更斯写出他内心深处所渴望的卓越的悲剧性长篇小说。对这位艺术家来说，如果没有一个他的创作渴望能遁逃入的自由的世界，如果他没有银色的翅膀——他那令人愉快的，几乎是非人间的幽默——使他骄傲地超越充斥诸如此类投机主义的沉闷地区，那么，英国就会完全把他拖进它特有的沾沾自喜的平庸中，就会用宠爱的夹得紧紧的胳膊把他变成它的性谎言的辩护律师。

英格兰的大雾没有降临到的这片一派太平景象的幸福自由世界是他童年时代的所在。英国式的谎言阉割人身上的性欲，强行控制成年人。然而孩子们都充满喜悦，无忧无虑地尽情享受自己的情感。孩子们还不是英国人，而是鲜艳明丽、娇小可爱的人类之花。英国的虚伪烟雾还没有在孩子们色彩缤纷的世界里投下阴影。狄更斯在他还能自由自在，不受英国资产阶级的良心阻拦，随意处理问题的时候，写出了不朽之作。在他的长篇小说中，童年生活是绝无仅有的美。我相信，他的那些人物，那些早期欢乐和真诚的插曲，永远不会从世界文学中消失。有谁能够忘记小耐儿的漂泊漫游，她是如何随同白发苍苍的爷爷离开大城市的烟雾和昏暗，走到了青葱翠绿的田野里。她心地善良，性情温柔，那天使般的微笑在她去世之前一直愉快地凌越一切艰难险阻前来救援她。在超出一切多愁善感，达到了最真实、最生动的人的感情的意义上说，这是令人感动的。有个汤米·特拉德尔德斯，是个面色红润的胖小伙子，在石板上画骷髅就能让他忘记挨揍的痛苦。有个吉特，是忠实人中最忠实的人。小尼克贝和后来一再出现的那个很漂亮、“身材不高、常常受到虐待的小伙子”并非别人，而是作家查尔斯·狄更斯。他把自己童年的欢乐与不幸都无与伦比地写得永存不朽了。狄更斯一而再再而三地讲述这个谦卑屈从、孤孤单单、饱受惊骇、沉湎于梦想的男孩子——双亲让他成为了孤儿，在这里他激荡的感情真的变成热泪盈眶了。他的声音洪亮、浑厚，听起来如同钟声。在狄更斯的长篇小说中这样的儿童轮舞是令人难忘的。这里边还掺和进了欢笑和痛哭、高尚和可笑，形成了独有的彩虹光辉。感伤和崇高、悲剧性和喜剧性、真实和虚构，都和解成了一种新东西，一种迄今尚未曾有过的东西。在这里他克制住了英国气，即世俗气。在这里狄更斯的伟大和无与伦比是没有局限的。如果要给狄更斯立纪念碑，那么，要把他作为孩子们的保护人、父亲和兄长，让这些儿童围着他坚强的形象轮舞在大理石上。他确实是把孩子作为人类本质最纯洁的表现形态来钟爱的，每逢他想使人们喜欢某个人物的时候，他就让那个人物像孩子一样单纯。为了孩子们的原因，他甚至还喜欢上了那些早已不是童年天真，而是幼稚发傻的人，那些弱智和有精神病的人。性格温顺的精神病人，他们那可怜的迷失感觉像白色的鸟一样翱翔于充满忧患与怨诉的世界上空。他们不觉得生活是一个难题，是一种辛劳和任务，而只觉得是一种愉快的、完全无法理解但又很美好的游戏。在狄更斯所有的长篇小说中都有这样一个精神病人。看到狄更斯如何描写这些人，是很令人感动的。他小心谨慎地扶助他们，像对待病人那样，并在他们头的周围安排许许多多善，就像光轮一样。他觉得他们是幸福的，因为他们永远停留在童年的天国里。在狄更斯的作品中，童年就是天堂。每逢我读狄更斯的长篇小说，就总是忧郁地担心孩子们长大。因为我知道，如果丧失了最可爱的东西、一去不复返的东西，那么很快便是诗意与习俗的混合、纯洁的真实与英国式的谎言的混合。他本人好像在内心深处也有这样的感情。他只是很不情愿地把他所喜爱的主人公交给生活。他从来不陪同他们进入变得陈腐平庸、变成生活中的商贩或车夫的年龄。他引导他们成长，直到举行婚礼的教堂大门前，经过种种险阻进入生活舒适、光亮如镜的安全之处。这时候他便和他们告别了。在那形形色色人物的行列里，狄更斯最喜爱的一个孩子是小耐儿。他把对自己夭折爱女的回忆在小耐儿身上永恒化了。他根本不让她进入这个令人失望的严酷世界，这个充满谎言的世界。他把她永远保留在儿童的天国里，提前让她闭上了温柔的蓝眼睛，让她在童年光明的陪伴下不知不觉地升入死亡的黑暗。他觉得与真实的世界相比，她太可爱了。

我已经说过，狄更斯笔下的世界是一个谦卑的市民世界，一个心满意足的英国，是众多生活可能性中狭小的一部分。如此贫困的世界只有通过强烈的感情，才能变得富有起来。巴尔扎克通过他的厌恶使资产阶级强大起来，陀思妥耶夫斯基通过他的救世主之爱使资产阶级强大起来，而狄更斯这位艺术家则是通过他的幽默把他的人物从沉重的现世苦难中解救出来。他不用一本正经的客观来观察他的小市民世界，他不唱诚实人的赞美诗，不为所谓唯一的美德——才干和冷静唱赞美诗。他像戈特弗里德·凯勒和威廉·拉贝那样，充满同情心而且诙谐有趣地给他的人物递眼色，使他们在自己小人国居民的惶恐不安中稍微带上一点微笑。但这是一种乐于助人的微笑、令人愉快的微笑。因此，为了他们的种种愚蠢言行和滑稽表现，人们更加喜欢他们。幽默犹如阴天里的一道阳光落到他的书上，使得书中简朴的地方顿时呈现出一派欢乐景象，显得非常可爱，而且充满无数令人陶醉的奇妙事物。在这样给人愉快和温暖的火焰旁边，一切东西都变得更加生动和真实了，甚至虚伪的眼泪也像钻石似的闪光，微弱的激情也像熊熊火炬一样明亮。狄更斯的幽默使他的作品超越了他的时代，得以永世长存。幽默像小精灵阿里尔那样穿过他书中的空气飘浮而过，使他的书都洋溢着亲切的音乐。幽默把他的书拉进了旋转的舞蹈。幽默是生活的巨大喜悦，幽默是最现实的，甚至在阴暗混乱的矿井里它也能像矿工灯一样放射光芒。它能消除过分紧张的心情，能通过讽嘲的附加音缓解过分的感伤，能通过它的投影、它的荒诞描述减弱被夸大的东西。它是狄更斯作品中的和解剂、平衡剂和永存的东西。不言而喻，正如狄更斯笔下所有的东西一样，它是英国式的，是真正英国式的幽默。他也缺少情欲，他能自我克制，不刚愎自用，也从不纵欲放荡。他在富有以后依然保持适度作风，不像拉伯雷那样粗声怪叫，打饱嗝儿；也不像塞万提斯那样欣喜若狂得翻跟头；更不像美国人那样探着头往前冲，不成个样子。他一向保持正直和冷静。像所有英国人一样，狄更斯只用嘴微笑，而不是用全身微笑。他的爽朗大笑甚至不会燃烧，而只是发出一些火星，把火光散射到人们的血管中，随着数以千计的小火苗跳动，像幽灵一般闪现，像鬼火一样逗人。这是实际生活中一个讨人喜欢的调皮鬼。狄更斯的幽默——这是因为狄更斯的命运就是一贯描写中间状态——还是在感情的醉态、心情的狂热与讽嘲的冷淡微笑之间的一种平衡。他的幽默是英国其他伟大人物所不能相比的。他丝毫没有斯泰恩那种条分缕析、浸渍腐蚀的讽嘲，也丝毫没有菲尔丁那种高视阔步的乡间绅士诙谐的爽朗笑声，他也不像萨克雷那样尖刻伤人。他只让人愉快，从来不让人痛苦。他像太阳的光圈，只是围绕着人们的头和手兴高采烈地戏耍。他不道貌岸然，也不讽刺，更不想在弄臣的头巾下边暗藏什么郑重严肃的东西。他根本不想要什么，不想成为什么。他活着。他的存在是没有意图的和理所当然的。狄更斯的眼角里已经钻进了狡黠，对人物进行修饰和夸大，使人物有赏心悦目的匀称和滑稽可笑的扭曲。这一切后来就使得千百万人为之陶醉。一切事物都进入了这个光环，像是发自内心似的闪耀光辉，甚至骗子和无赖也有自己的幽默灵光。每逢狄更斯观察世界的时候，整个世界都显得着实可笑。一切都光芒耀眼，回转不停，雾都对阳光的渴望似乎得到了永久的解决。语气翻了跟头，句子间互相混杂，忽又分开，与意义玩起捉迷藏的游戏。一个人向另一个人提出许多问题，逗乐取笑，互相打岔，一种任性鼓动他们去跳舞。这种幽默是不可动摇的。它可口，尽管没有性欲的盐。英国烹饪法是拒绝使用这种盐的。狄更斯没有因为出版商在背后挑拨而使幽默迷失方向，即使在感情冲动的时候，在感到困顿和烦恼的时候，狄更斯也只能写出轻松愉快的东西。他的幽默令人折服，它稳稳待在美丽敏锐的眼睛里，并且与眼睛的光亮一起熄灭。世界上没有什么东西能够损害他的幽默，即令是时间也难以成功。我不能想象有人不喜欢像《炉边蟋蟀》这样的中篇小说，有人能够在读这些书时不发出爽朗的笑声。精神的需要可能会像文学的需要那样发生变化。但是，只要人们渴望那种愉悦舒适的时刻——生活的意志休息，生活的感情轻柔地触动生活的波浪，只要人们不要其他而只渴求一种没有烦忧、旋律优美的心灵激动，那么，在英国，以至在全世界，人们都会去拿起狄更斯独具特色的书。

在这些尘世的、最为尘世的作品里，伟大和不朽就在于它们当中有个放射光芒、给人温暖的太阳。对于这样伟大的艺术作品，人们不应该只问其思想的强度，不应该只问站在作品后边的作者其人，也应该询问作品思想的广度，询问作品对群众的作用。人们对狄更斯的谈论将超过对我们这个世纪里任何人的谈论。狄更斯为世界增加了愉快，千百万双眼睛在读他的书的时候泪光盈盈。他把欢笑重新种植到了成千上万人那欢笑早已凋谢和被掩埋了的胸中。他的影响远远超出了文学范围。有钱人读了齐瑞白兄弟，经过一番思量，便去捐款了，铁石心肠的人也被感动了。当《奥列佛·退斯特》出版的时候，的的确确，孩子们得到了更多的街头施舍。政府也改善了贫民院，对私立学校实行了监管。狄更斯使得同情和友善增强，使得很多穷苦人和不幸者的命运得到缓解。我知道，这种异乎寻常的效果与一部艺术作品的美学价值毫无关系。但是，这些效果是很重要的。因为这些效果说明，每一部十分伟大的作品都超出了任何创作意图，都能令人陶醉地去自由漫游幻想世界，并且在现实世界中也引起许多变化。有本质上的变化，有看得见的变化，然后还有对感情感受的热度的变化。与那些为自己要求同情和赞许的作家相反，狄更斯是为他的时代增加了欢乐和喜悦，促进了他那个时代的血液循环。从那个年轻的国会速记员决心为写人和人的命运而拿起笔的那一天起，这个世界就变得光明些了。他为他的时代拯救了愉快，也为此后的世世代代拯救了处于拿破仑战争和帝国主义之间的那个愉快的古老英格兰。若干年以后，人们将还会回顾这个古老的世界及其许多罕见的、失传的职业，它们在工业化的迫击炮轰击下早已化为灰烬，也许还要看看这种无忧无虑、淳朴、宁静而且愉快的生活。狄更斯像诗人一样创作了英国的田园诗——这就是他的事业。与强大的东西相比，我们可不要对微小的东西、心满意足的东西有丝毫的轻视。田园诗也是永存的东西，是上古的回归。

农事诗或者牧歌就是逃亡者的诗，是怀着欲望的恐惧进行休息的人再度复兴起来的。在未来世世代代的沧桑变化中它还会不断出现。它的出现是为了消逝，就像激动中间的喘息、努力前后的提劲，以及怦怦跳的心脏里满足的瞬间那样。有的人创造权力，有的人创造宁静。查尔斯·狄更斯充满诗意地将一个宁静的时刻嵌入这个世界。今天生活又纯净了，机器隆隆，时代在迅猛的突变中飞奔向前。然而田园诗是不朽的，因为它是生活的乐趣。田园诗的回归犹如雷雨过后重新出现的湛蓝天空，犹如在历经种种精神危机和震撼之后重新感受到了生活的永恒喜悦。因此，每当人们需要愉快，而且由于激情悲剧性的紧张而疲劳不堪，想要从轻声的事物中听到富有诗意而又美妙的音乐的时候，狄更斯就会不断地从遗忘中走出来。

陀思妥耶夫斯基

你不能完结，

这使你伟大。

《西东合集》，歌德

协　　调

郑重其事地谈论费奥多尔·米哈伊洛维奇·陀思妥耶夫斯基和他对我们内心世界的重要性是困难和责任重大的，因为这个独一无二的人的广度和威力都需要一种新的标准。

初次接近，以为是找到了一部封闭的作品、一位作家，可发现的是无限，是一个有自转星球和另一种天体音乐的宇宙。不停息地进入这个世界的思想失去了勇气：对于初步的知识来说，这个世界的魔力太陌生了，这个世界的思想化为烟云进入无限之境太远了，这个世界的信息太古怪了，以至于灵魂不能直接仰视这里的天空，像仰视祖国的天空那样。如果不是从内心去体验，陀思妥耶夫斯基什么也不是。只有在最底层，在我们永恒和不变的生存里，在根源所在的地方，我们才能够有希望与陀思妥耶夫斯基建立起联系。这是因为对于外国人的眼光来说，俄国的风光太陌生了。陀思妥耶夫斯基的祖国的大草原连道路也没有。那个世界与我们的世界共同之处是多么少啊！在那里环顾四周没有什么令人感到愉快可爱的东西，也难得找到安静的一小时进行休息。神秘朦胧的感情孕育着闪电，又变换为精神上寒冷的、常常是冰凉的明亮。在天空里发出光亮的是神秘莫测的血红色的北极光，而不是温暖的太阳。进入陀思妥耶夫斯基的天地，人们就踏入了原始的世界，这是个神秘的世界，它极其古老，同时又尚未开发。可爱的黎明迎面而来，就像每一次永恒元素临近时那样。人们很快就会虔诚地希望这令人惊叹的景象停留下来。然而又有一种预感警告激动不已的内心：对此地永远不可能习惯，一定得回到我们比较温暖、比较亲切，但也比较狭小的世界里来。人们会惭愧地感觉到，对于平常人的目光来说，这个坚硬的地区太辽阔了，变化太剧烈了。那忽而凛冽刺骨，忽而又火热灼人的空气，对于哆哆嗦嗦呼吸的人来说，也太令人憋闷了。如果不是在这个极其悲凉、可怕的人间之上有一个无边无际、星光闪耀的善的天空，人们真会从这位令人恐惧的陛下面前逃开。那里的天空也如同我们这个世界的天空一样，不过它是在凛冽的精神严寒之中，比在我们气候温和的地方更高地伸进无限。只有从这个地区仰视苍穹，友好亲切的目光才会感觉到无限的人世悲哀中的无限安慰，才会在恐惧之中预感到伟大，在黑暗之中预感到上帝。

只有这样仰视陀思妥耶夫斯基最后的思想，才能够把我们对他的作品的敬畏变成热爱。只有最深刻地认识他的作品的特点，才能明白这个俄国人深沉的博爱和普遍的人性。但是，进入这个强大人物内心最深处的路是多么漫长，又多么曲折呀！这项独一无二的工作以其辽阔显得强大，以其遥远显得可怕。当我们试图从它的无限远处进入它的无限深处的时候，它就变得更加深奥莫测，因为这项工作处处都浸透着神秘。他的每一个人物都有个深入到人世魔鬼深渊的井筒。在他的作品的每道墙壁后边，在他的每个人物的面孔后边，都横亘着永恒的黑夜，都放射出永恒的光明。这是因为陀思妥耶夫斯基通过生活的目的和命运的形态而与生存的一切神秘习俗都结成了密切的关系。他的世界就处于死亡与精神错乱之间、梦想与清清楚楚的现实之间。他个人的问题到处都与人类的一个无法解决的难题紧密相连。每个个别的曝光面都反映了无限性。他的性格作为人，作为作家，作为俄国人，作为政治家，作为预言家，处处都放射出永恒意义的光辉。没有道路通到他的终点，没有问题进入他内心最底层的深渊。只有热情可以接近他，而热情也只能谦卑地自愧，比起他对人的奥秘所抱的独特而喜爱的敬畏态度，更加微不足道。

陀思妥耶夫斯基本人从来没有伸出手来帮助我们接近他。我们时代里其他强有力的建筑大师都公开自己的意向。瓦格纳在自己作品的旁边放着纲领性的说明——论战性的辩护。托尔斯泰敞开自己日常生活的所有大门，让每个好奇者都进来，并且对每个问题都作出解释。而陀思妥耶夫斯基除了完成他的作品以外，从来不在其他地方暴露自己的意图。他在创作的热情中把计划都烧掉了。他一生沉默寡言而且很是羞怯，他的外部生活和体态相貌就是令人信服的证明。他只是在青少年时代有过朋友，成年以后他是孤独的。这是因为他觉得，献身于个别人会给他对全人类的爱心带来重大影响。

他的信件只透露出他生活的窘困和受刑以后身体的痛苦，绝口不谈自己，尽管信件就是诉苦和呼救。他生命中的许多年份，他的全部童年时代，都模糊不清。他本人在今天已经变得十分遥远和无关紧要，变成了一个传说、一个英雄、一个圣者，但是有些人还看到他的目光充满焦急的渴望。笼罩荷马、但丁和莎士比亚伟大生平的那种真实与预感并存的朦胧使我们也觉得陀思妥耶夫斯基的面貌超脱人间世界了。他的命运不是用文献资料形成的，而是完全用自觉的爱心形成的。

因此，人们只能在没有向导的情况下想方设法摸索进这座迷宫的核心地区，从自己生活激情的线团上解下阿里阿德涅[①]的，也就是精神的丝线。这是因为我们愈是深入地了解他，也就愈是深入地感受到自己。只有当我们达到普遍人性的本质的时候，我们才接近了他。谁对自己了解得很多，就对他也了解得很多。他简直是绝无仅有的全部人性的最后标准。这条进入他的作品的道路穿过形形色色的激情涤罪所，穿过地狱，经过人世痛苦的一切台阶：个人的痛苦，人类的痛苦，艺术家的痛苦，还有最后的痛苦、最残酷无情的痛苦——上帝的折磨。这条道路是黑暗的，为了不误入歧途，必须从内心里燃烧起激情和追求真理的意志。在我们遍游他的堂奥之前，必须首先遍游我们自己的堂奥。他不派出信使，只有阅历通向陀思妥耶夫斯基。他既没有见证人，也没有别的见证，只有艺术家在肉体上和精神上神秘的三一律：他的面貌、他的命运和他的作品。

---

① 希腊神话中克里特岛的国王米诺斯的女儿，曾以线团帮助忒修斯走出迷宫。

面　　貌

他的面貌首先是像一个农民的面貌：深陷的面颊呈泥土色，简直肮脏，而且还布满皱纹——那是多年的苦难犁成的沟。皮肤龟裂了许多裂口，干渴、枯焦，绷得紧紧的。二十年长期卧病，吸血鬼从这皮肤里吸走了鲜血和光泽。右脸和左脸都很僵硬，犹如两块大石头。斯拉夫人的颧骨很突出，口形严肃，脆裂的下巴颏上长满一片茂密的胡须丛林。土地、岩石和森林，这是一种悲剧成分的风光。这就是陀思妥耶夫斯基面容的深度。在这副农民的，甚至是乞丐的面孔上，一切都是低沉的和尘世的，而且没有美。这个面孔单调苍白、暗无光泽，真是散落在岩壁上的一小块俄罗斯草原。甚至那双深陷的眼睛也不能从眼缝中照亮这片松脆的黏土。因为这双眼睛坦诚的火焰明亮、耀眼，但不向外延伸。所以，他那锐利的目光好像往体内看到了燃烧的血液消耗殆尽。他如果闭上眼睛，死亡就会立刻降临到这张脸上，往常把风化的面部特征聚集在一起的高度神经紧张也会沉入昏睡的无生命状态。

陀思妥耶夫斯基的面貌如同他的作品一样，在感情的顺序中首先唤醒的是恐惧，接着是犹豫不决的畏缩，然后是充满激情、不断增强的陶醉和惊叹。在忧郁庄严和悲哀的气质中，他脸上的泥土坑，即肌肉的低洼处，才略微明朗一些。他那隆起的圆额头像个半球形的房顶。它放射白光，呈现拱形，突出在这张狭长形农民面貌的上方。这座精神大教堂光亮闪闪，钟声不断，从阴影和昏暗中挺拔而出：在松软的肌肉黏土之上是坚硬的大理石，还有蓬乱的头发丛林。光线是自下而上照到这张脸上的。如果对他的肖像细加端详，那么，就只会感觉到这个宽阔、巨大、帝王气派的额头，它总是越来越闪光发亮，显得越来越宽阔，这副老态龙钟的面孔在疾病中更加愁眉苦脸和枯萎衰老。它高高地、不可动摇地位于多病身躯的上方，像是天空，也像是精神的灵光照临着人世间的悲哀。这个常胜思想的神圣外壳在那张临终时床上的照片上比在其他照片上都更有光彩，因为松弛的眼皮下落盖住了失神的眼睛；没有血色的双手，非常苍白，但却若有所求地紧紧握住一个十字架（就是当初一个农妇送给他这个囚犯的可怜的小小木质耶稣受难像）。现在他的额头照射着他失去灵魂的面容，就像早晨的太阳照射着下方的夜间大地，也像他所有的作品那样，以自己的光辉宣告同一个消息：精神和信仰把他从沉闷的、低下的和物质的生活中解救出来了。陀思妥耶夫斯基最终的伟大永远在其最终的深度里：他的面貌从没有比他在死亡中表现得更为坚强。

他的人生悲剧

人世间不会想到，在世界上播种神书要流出多少鲜血。

但丁

陀思妥耶夫斯基的作品给人的第一个印象总是恐惧，第二个印象才是伟大。正如他的面貌显出农民气而且平平常常那样，乍看起来，他的命运最初也显得很残酷和平庸。开始人们觉得他的命运只是一种毫无意义的折磨，因为对于这样一具虚弱多病的身体竟然动用所有的刑具折磨了六十年。艰苦的锉刀磨掉了他从青年到晚年的所有香甜，疼痛的锯在他的肢体内锯得嚓嚓作响，贫穷的螺钉无情地钻进了他生命的神经系统，火辣辣地疼痛的神经线在颤抖，四肢不停地抽搐，淫欲的细刺无休无止地引诱他的激情。没有免掉过一种痛苦，也没有遗忘过一种折磨。这样的命运看来首先是一种毫无意义的残酷，是一种盲目疯狂的敌对。通过回顾就可以理解：命运这样严酷无情地锻打他，是因为命运要把他雕凿成永恒的东西；还有，命运是强有力的，为的是适应一个强者的需要。在陀思妥耶夫斯基的身上，一切都那样过分。与十九世纪所有其他作家漫步方石铺就的宽阔人行道相比，陀思妥耶夫斯基的生平没有一处相似。在他的生涯中人们总是感觉到，幽暗的命运之神的嗜好就是要在最强者身上显示出它的强大。陀思妥耶夫斯基的命运是《旧约》式的，是英雄式的，而丝毫不是现代式的，不是市民式的。他像雅各①一样，不得不永远与天使搏斗，永远反抗上帝，又不得不像约伯②一样，永远俯身屈从。命运不让他变得自信，也不让他变得懒惰。他总是不得不感觉到那个因为他的敬爱而对他进行惩罚的上帝。他不能在幸福中休息一分钟。因此，他得走到无限远的地方。有时候他的命运魔鬼好像停止发怒了，要允许他像别人一样走普通的生活道路，但是总是有只强有力的手不断伸出来，把他推进荆棘燃烧的丛

① 《旧约》中人物，是亚伯拉罕的次孙，为犹太十二支派的始祖。
② 《旧约》中一位坚忍不拔的人。他的故事见《约伯记》。

林。如果说，命运也曾把他抛向高空，那也只是为了要把他摔进更深的深渊，为了教给他认识兴奋和绝望的幅度。命运把他提升到希望的顶峰，其他人到这里就柔弱得熔化进淫欲的欢乐之中；命运又把他投进不幸的深渊，其他人到这里都会在痛苦中摔得粉身碎骨。命运总是在最为安全的时刻对他进行猛击，就像对约伯那样，而且还夺去他的妻子和孩子，把疾病加在他的身上，用轻蔑伤害他，使他不停地与上帝争论，并且让他通过不断的反抗和不断的希望赢得更多的赞赏。那个冷漠的时代保留下这么一个人仿佛是要表明，我们世界里的欢乐和痛苦还有多么巨大的数量。而他陀思妥耶夫斯基好像迟钝得感觉不到压在头上的这个强大的意志。他从来不进行自卫、反抗命运，从来不举起拳头。他那受伤的身体在痉挛抽搐中也曾奋力挣扎，他的书信有时候也爆发出一声激动的呼喊，好像是大口咯血一样，然而精神，就是信仰，又把反抗压制下去了。陀思妥耶夫斯基身上神秘的意识觉察到了这只手的神圣性，即他的命运富有悲剧性的有益的意义。他用自己痛苦的理智烈火照遍了他的时代、他的世界。

生活三次把他摆荡到高处，又三次把他拉了下来。命运很早就用荣誉的甜食引诱过他。他的第一本书给他带来了名气，但是无情的魔掌猛然抓住了他，把他又抛掷回无名之辈中间：关进监狱，罚做苦役，流放西伯利亚。他又浮升起来，而且更加有力，更加勇敢。他的《死屋手记》使得全俄国心醉神迷。沙皇本人也曾为此书洒过眼泪，俄国青年对他都表现出极大热情。他创办了一本杂志，他向全体人民发表见解。于是他的第一批长篇小说便诞生了。但是气候骤变，他的物质生计崩溃了。债务和忧伤迫使他出国。疾病不断吞噬他的肌肉，他成了一个流浪者，他跑遍了整个欧洲。他的民族把他忘记了。但是经过多年的工作和贫困之后，他第三次从默默无闻和穷苦的污泥浊水中浮了出来：纪念普希金的讲话证明他是首屈一指的作家，是自己国家的预言家。现在他的荣誉不可磨灭了。但是就在这个时候，铁拳又把他打倒了。举国激动悲怆，在一口棺材之前气得发狂。命运不再需要他了。残酷明智的意志达到了目的，从他的生存中取得了最高级的精神成果。现在命运毫不在意地把他身体的空壳抛掉了。

经历过这种有深远意义的残酷迫害，陀思妥耶夫斯基的生平就变成了艺术品，他的传记也就变成了悲剧。他的艺术作品具有令人惊叹的象征性，都采用了他自己命运的典型表现形式。他的生命的开始便是个象征：费奥多尔·米哈伊洛维奇·陀思妥耶夫斯基出生在贫民院里。从这个最初的时刻起就确定了他生存的位置是在偏僻之处，是在被蔑视者中间，近乎是生活的沉积物，但同时也是人的命运的概括，与不幸、痛苦和死亡为邻。直到生命的最后一天（他死在工人区里，死在五层楼上一间位于角落的住所里）他也没有挣脱这种束缚。在他生命的整整五十六年的艰辛岁月里，始终与不幸、贫穷、疾病和贫民院里的物质匮乏形影不离。他的父亲像席勒的父亲一样，是个军医，还有贵族血统，他的母亲是农民出身。俄罗斯民族性的这两个来源汇聚在此，丰富了他的生命。严格的宗教教育很早就使他的感性生活转向极度兴奋状态。他生命的最初几年是在莫斯科贫民院里一间和哥哥分享的棚屋中度过的。这就是他最初的年月，但人们不敢说这就是他的童年，因为童年的概念不知在什么时候已经从他的生命中消失了。他从来没有谈起过自己的童年。陀思妥耶夫斯基的沉默向来就是对于陌生同情的羞怯和自尊的惶惑不安。在他的传记里有这么一段模糊的空白，否则作家们就会微笑着写出许多色彩缤纷的景象、温情的回忆和甜美的惋惜。然而，如果对他所创造的儿童人物那热情的眼睛进行深刻地观察，那么，就可以认为确实了解了他。他一定像科利亚那样早熟，充满幻想甚至幻觉，充满要做大事的、闪耀着光亮但不稳定的热情，还充满孩子气的强烈偏激，要超越自我，“为全人类受难”。他也必定像涅托奇卡·涅兹万诺娃那样，畅饮过爱情之酒，同时又喝下怕爱情会暴露出来的歇斯底里的恐惧。他也必定像那个醉鬼上尉的儿子伊柳沙那样，对家庭的可怜惨状深感羞愧，对家中的物质匮乏深感悲伤，但却随时准备为保护自己最亲近的人而对抗全世界。

后来当他作为一个小伙子走出这个阴暗的世界的时候，他的童年时代也就熄灭了。他逃进了形形色色不满意者的永久避难所，也就是被忽视者的救济院，逃进了书中五光十色而又危险的世界。他曾和哥哥一起没完没了地读书，熬过多少个日日夜夜。那个时候，他这个贪得无厌的人便萌发了对罪恶的兴趣。那个幻想的世界使他更加远离了现实生活。

他对人类满怀最强烈的热忱，然而他不喜欢交际，他的自我封闭几乎到了病态的地步。这真是冰炭共存。他是一个隐居独处、最为危险的狂热信仰者。他的激情无目的地到处摸索。在那“地下室的年月”里，他走遍了各种放荡不羁的道路。但是他始终孤独，厌恶一切享乐，对任何幸福都有一种罪恶感。因此，他总是紧闭着嘴。他缺少钱用，只是为了几个卢布，便去当了兵。在军队里他也没有找到朋友，接着便是几个阴郁沉闷的青春年头。正像他书中所有的主人公那样，他也住在一个角落里，过着穴居人的生活。他梦想，他思索。他染上了思想与感官种种隐蔽的恶习，他的野心还没有找到道路。于是他悉心倾听自己的声音，积蓄自己的力量。他感觉到他的力量与欢乐及恐惧一起正在他内心深处发酵。他喜欢自己的力量，他也害怕自己的力量。他不敢有什么活动，为的是不破坏这种模糊不清的未来。他以这种不幸、畸形、孤独而又沉默的木偶身份居住了好几年。他染上了疑心病，这是一种对死亡的神秘恐惧，是一种经常为了世界，也经常为了自己的恐惧，这是自己胸中因思想混乱而对原始威力产生的恐惧。为了改善自己糟糕的经济状况，他在夜间翻译东西（他的钱都流失到相互敌对的嗜好之中了，流失到义捐救济活动和放荡不羁的行为之中了，这够典型的了）。他翻译了巴尔扎克的《欧也妮·葛朗台》和席勒的《堂·卡洛斯》。从那些日子混沌的云雾中逐渐凝结成了他自己的表现形态。最后，他的第一部富有诗意的作品，即不长的长篇小说《穷人》，便从这种云锁雾罩、梦境一般的恐惧与极度兴奋状态中产生了。

一八四四年，二十四岁的陀思妥耶夫斯基“用炽热的激情之火，甚至是用淋淋汗水”写出了这本研究人的卓越著作。此书证明他受到了极其强烈的屈辱，也就是贫穷；还证明他有非常强大的威力。此书还赞美了对不幸的爱心，也就是无限的同情。他心存疑虑地思量他已写成的书稿。他预感到这部书稿是对命运提出的一个问题。因此，他很艰难地作出了把书稿交给诗人涅克拉索夫审阅的抉择。两天过去了，没有回信。夜间，他孤独地坐在家里苦苦思索，一直工作到油灯燃尽散发出烟雾时为止。一天凌晨四点钟，突然间门铃响得很紧。陀思妥耶夫斯基把门打开后大吃一惊：涅克拉索夫扑到他的怀里，吻他，向他欢呼祝贺。涅克拉索夫和一个朋友一起阅读了书稿，一起读了整整一夜，为之欢呼，为之流泪，而且不仅如此，最后他们还一定要来拥抱陀思妥耶夫斯基。夜间唤起他走向荣誉的那阵门铃声就是陀思妥耶夫斯基的第一个人生瞬间。到了清早天亮时，朋友们才热情地互相道贺，交流兴奋心情。然后涅克拉索夫又急忙跑去找俄罗斯最有威望的批评家别林斯基。“一个新的果戈理诞生了！”涅克拉索夫刚到门前就高声喊起来，同时还挥舞着书稿，就像挥舞小旗子那样。“你们中间产生一批果戈理就如同长蘑菇！”对人们的兴奋鼓舞感到恼火的怀疑论者别林斯基嘟囔道。但是到第二天陀思妥耶夫斯基前来拜访的时候，他已经改变了态度。“是的，您自己很理解您所创作的东西。”他十分激动地对这个不知所措的青年人喊道。陀思妥耶夫斯基突然感觉到了恐惧——那是对突如其来的新荣誉的甜蜜敬畏。他像是在梦中一样走下了楼梯，心醉神迷地走出去站在大街的拐角处。他第一次感觉到——但是他却不敢相信——使他心惊胆战的种种黑暗和危险都是强大的东西，也许就是他童年时代胡思乱想过的“伟大的东西”，是永存不朽，是为全世界受苦受难。他心里一片混乱，在振奋和懊悔、骄傲和屈从之间来回摇摆不停。他不知道应该听信哪一种声音。他昏昏沉沉地在大街上蹒跚而行，泪水中混合着幸福和痛苦。

陀思妥耶夫斯基被发现成了作家，一切就是这样像情节剧一样发生的。即使在这个时候，他生活的形式也是令人不解地模仿他作品中的生活形式。粗略的轮廓有时候已经有了恐怖小说老一套的浪漫色彩。在陀思妥耶夫斯基的生活中开始经常是情节剧，但是总是要变成悲剧。他的一生都是紧张的，抉择都被压缩在瞬间之中，没有过渡的时间。他的全部命运就是用十个、二十个这种极度兴奋或者骤然栽倒的瞬间确定下来的。人们可能把这样的瞬间称为生存癫痫病的发作，这是极度兴奋的瞬间和虚弱无力地崩溃的瞬间。每一次精神振奋都得付出骤然栽倒的代价。这样一秒钟的赦免都要以很多小时毫无希望的苦役劳动和灰心绝望为代价。别林斯基原先给他戴在头上的那个闪光耀眼的荣誉花环同时也是一副脚镣的第一个铁环，是陀思妥耶夫斯基终生进行沉重劳动时拖着的叮当响的铅球。他的第一本书《白夜》，也是他作为自由人，纯粹为创作的愉快而创作的最后一本书。从现在起，创作向他说明了：有获得，就有偿还。从此以后他所写的每一部作品，从第一行起都以预付款的方式抵押出去了。这也就是把还没有出生的孩子卖到工厂里做苦工。现在他永远被坚实的围墙圈进了文学的监狱里边，终生发出被隔绝的人渴求自由和深感绝望的刺耳呼叫声，只有死亡才会给他打开锁链。他这个新手没有料到在最初的愉快中就有了痛苦。他在迅速完成了几部中篇小说以后，便计划写一部新的长篇小说。

这时候命运警告性地抬起了手指。监视他的魔鬼现在不愿意他的生活变得轻松起来，于是他对生活便有了极为深刻的认识。这是他所敬爱的上帝对他的考验。

门铃又像上一次夜间那样响了起来。陀思妥耶夫斯基把门打开，大吃一惊，但是这一次不是生命的声音，不是欢呼的朋友，不是荣誉的信息，而是死亡的召唤。军官和哥萨克兵冲进房间，逮捕了这个被惊扰的人。他的书稿都被封存了。在圣保罗要塞的一间牢房里他忍饥挨饿了四个月，始终没有猜到强加于自己身上的罪名原来是：他参加过几个情绪激昂的同学的讨论。如今那次讨论被夸大其词地称为彼得拉舍夫斯基的阴谋活动。这就是他的全部罪行。毫无疑问，逮捕他是一场误会。然而判决犹如晴天霹雳：他被判处枪决的极刑。

命运把他又推进了一个新的瞬间。这是一个极为狭小而又极为丰富的瞬间。这是死亡与生命伸长嘴唇进行狂吻的一个无限的瞬间。一天黎明时分，他和九名难友被提出监狱，都被换上一身收殓服，四肢被绑在柱子上，眼睛被带子蒙上。他听到宣判自己死刑，还听到鼓声如雷。于是他的全部命运就被压缩进了那么一小会儿的等待中，无限的绝望和无限的生活贪欲都被压缩进了那么一丁点儿的时间里。这时一名宫廷侍从武官举起手来，挥动白布制止射击，并且宣读了特赦令。他的死刑改判为送往西伯利亚监狱。

现在，他从最初的青年的荣誉跌进了无名的深渊。一千五百根柞木柱子把他的全部视野圈定了四年之久。他在这些柱子上用记号和泪水一天接一天数点了四遍三百六十五天。他的同伴都是罪犯，有窃贼和杀人凶手。他的工作是拖运雪花石膏，搬运砖瓦和铲雪。唯一允许他带的书是《圣经》。他的朋友是一条长癣的狗和一只翅膀折断的鹰。在这个“死屋”里，在这个地狱里，在这个阴影中的阴影里，他待了四年，没有名字，被人遗忘。当从他受伤的脚上取下脚镣，把他身后已经变成一道腐朽的褐色墙的那些柱子放倒的时候，他自己已经成了又一根腐朽的褐色柱子。他的健康被破坏了，他的荣誉化成了烟云。他的生存条件被消灭了，只有他的生活乐趣依然完整，不可损伤。极度兴奋的热情火焰从他被压垮的身体熔化而成的蜡里燃烧得比过去更加明亮。他还得在西伯利亚再待几年。这时他有了一半自由，但还不能发表一行字。在那里流放时，在最痛苦的绝望和孤独中，他与第一个妻子举行了奇怪的婚礼。这个妻子有病，而且性格乖僻。她不愿意报答他的怜悯和爱情。在他的这次决定中，隐藏着一种朦朦胧胧的舍己为人的悲剧性。只有从《被侮辱与被损害的》里的几处暗示中，人们可以猜测到对于这次令人难以置信的自我牺牲行为沉默的英雄主义。

他作为一个被人遗忘了的人回到了彼得堡。他的文学资助人听任他一蹶不振，他的朋友也都不见了。但是从使他摔倒的波浪里，他又一次鼓足干劲，勇敢地发起奔向光明的搏斗。《死屋手记》这部描写流放犯时期的不朽之作，把俄国从对麻木不仁的共同经历的冷漠中惊醒了。整个民族惊惧地发现，在他们太平世界平坦的地层下边，在近在咫尺的地方，还存在着另外一个世界，一个充满种种痛苦折磨的涤罪所。于是谴责之火一直烧到克里米亚，沙皇也为此书啜泣，成千上万的人都在谈论陀思妥耶夫斯基的名字。在一年之间，他的荣誉又建立起来了，而且比过去更加崇高，也更为持久。这个复活的人与哥哥共同创办了一份杂志，几乎全部是他本人写稿。与他这个作家合伙的还有传道士、政治家、“俄国激进派”。杂志流传极广，反应很是强烈。他又完成了一部长篇小说。幸运在狡黠地用各种闪烁的目光引诱他。陀思妥耶夫斯基的命运似乎永远有了保障。

但是凌驾于他的生命之上的神秘意志又一次发言了：那样说还为时过早。这是因为他对人世间的痛苦还是陌生的，还不熟悉流亡的折磨及为悲惨生计忧心的恐惧。西伯利亚和俄罗斯最狰狞的变形苦役犯监狱还一直在祖国。现在为了对自己民族最强有力的爱心，他应该再一次去体验流浪者对帐篷的渴望。于是他又一次退入了默默无闻的状态，而且沉入了比他成为作家及民族先行者之前更深的黑暗之中。一道电光照射下来。这是一个毁灭性的瞬间：他的杂志被禁止了。这又是一次误会，是像上次一样的谋害。这个时候雷声阵阵，恐惧降临到了他的生活中间。他的妻子死了，此后不久，他的哥哥，同时还有他最好的朋友和助手都相继谢世。两家的债务像铅块一般沉重地落到了他的肩上。难以承受的重量压弯了他的脊椎骨。他依旧在绝望地进行自卫，日以继夜发疯似的工作。他写书，编校稿件，甚至自己印刷，为的是节省几个钱，为的是拯救荣誉和生存，但是命运比他更加强大有力。于是他像一个罪犯那样，害怕债权人相逼，在一个夜间逃往外边的世界去了。

现在，他开始了流亡欧洲历时数载的无目的漫游。这是一次与俄国，也就是与他的生命的血液之源，令人战栗的断绝关系。这次断绝关系比苦役犯监狱的那些柞木柱子更为恶毒地挤压他的灵魂。请设想一下，这位俄国最伟大的作家，那个时代的天才，无限世界的使者，却不名分文，无家可归，没有目的地从一个国家流浪到另一个国家。他费尽气力才找到一间矮小的房子作为投宿之地，里面充满了贫民的污浊气味。癫痫病这个魔鬼的利爪抓住了他的神经。债务、汇款、义务，鞭挞他接连不断地干各种活儿。窘困和羞愧把他从一座城市驱赶到另一座城市。如果他的生活里闪现了一道幸福之光，那么，命运就会立刻推过来一朵新的乌云。他的速记员是个年轻的姑娘，后来就成了他的第二任妻子。但是她给他生的第一个孩子只活了没几天，便被虚弱，即流亡中的穷困夺去了生命。如果说西伯利亚是涤罪所，是他苦难的前厅，那么，法国、德国、意大利无疑就是他的地狱，这种悲剧性的生存简直令人难以想象。当我在德累斯顿的大街上走过某座低矮肮脏的房子的时候，总是觉得，他可能就曾住在这里的什么地方，住在萨克森的小商贩和勤杂工中间，住在五层楼上。他是孤独地，无限孤独地住在这个外国的闹市区里的。在流亡的那些年月里，没有一个人认识他。唯一能够理解他的人是弗里德里希·尼采，住在离他一小时路程的瑙姆堡。理查德·瓦格纳、黑贝尔、福楼拜、戈特弗里德·凯勒等同代人都在那里。但是陀思妥耶夫斯基对他们毫无所知，他们对他也毫无所知。他蓬头垢面，衣衫褴褛，颇似一头巨大危险的动物，从他干活的茅舍里蹑手蹑脚走上大街。他总是走同一条路。在德累斯顿，在日内瓦，在巴黎，都只是为了去看俄国报纸他才走进咖啡馆，走进俱乐部的。他想感觉到俄罗斯，感觉到他的祖国。他想看一眼西里尔字母[1]，浏览一下家乡的语言。有时候他也坐在美术馆里，但不是出

① 即古斯拉夫语字母，由九世纪中叶的斯拉夫人传教士西里尔创立。

于对艺术的喜爱（他始终是个拜占庭式的野蛮人，一个圣像破坏者），而只是为了取暖。他对于自己周围的人全然不知。他之所以憎恶他们，只是因为他们不是俄国人。他在德国憎恶德国人，在法国憎恶法国人。他的心倾听着俄国，但是他的身体冷漠地待在这异国他乡的世界里饱尝艰辛。没有一个德国作家、法国作家或者意大利作家表明与他有过交谈，或者有过会晤。他们只是在银行里认识了他，他脸色苍白，天天到银行的问事处窗口前，以激动得发抖的声音询问俄国给他的汇款单是否终于到了，为了这一百卢布，他成百上千次在身份低微的人和陌生人面前在言词上跪了下来。对于他这个可怜的傻瓜和他那永久的等待，银行职员们都哈哈大笑。他也是当铺里的常客，他把一切都送去典当了。有一次为了弄点钱给彼得堡发一封电报，他甚至当掉了最后一条裤子。那封电报是他多次撕心裂肺的呼喊中的一次，这样的呼喊声也不断刺耳地反复出现在他的书信里。如果读到这个坚强的人那些谄媚奉承、狗一般屈从的书信，人们的心都会抽搐战栗的。在这些书信里，为了乞求十个卢布，他曾五次恳求救助人。这些令人异常惊骇的信都为了一点可怜的钱而呼号、呜咽和哭泣，他在通宵工作和写书，他的妻子在痛苦地呻吟。这个时候癫痫病张开利爪，从喉咙里出来紧紧卡住了他的生命。这个时候，房东太太带着警察来逼收房租。这个时候，接生婆也为报酬而争吵不休——于是他写出了《罪与罚》、《白痴》、《群魔》、《赌徒》。这些都是十九世纪的鸿篇巨制，塑造的都是我们整个心灵世界里最普世的人物形象。

对于他来说，工作是拯救，也是痛苦。工作的时候他就是生活在俄国，生活在故乡。在欧洲，在流放地的苦难里，他一安静下来便深受思念之苦。因此，他愈来愈深地投身到他的作品中。作品是使他心醉神迷的仙丹灵药，是使他饱受痛苦的神经达到最高快乐的赌局。在这期间，他就像当年点数监狱的柞木柱子那样贪婪地点数起了日子：但愿能够作为乞丐还乡，只要能还乡就行！俄国，俄国，俄国！这是他在窘困中永恒的呼喊。然而他还不能回国。为了作品，他还必须是个无名氏，还必须是这些外国街道的殉难者，还必须是不呼唤、不控诉的孤独的受苦者。在进入永恒荣誉的光辉中之前，他还不得不居住在生活的爬虫中间。他的身体已被贫困挖空了。疾病的重棒愈来愈频繁地猛击他的脑部，使得他整天昏昏沉沉地躺着。他还有些朦胧的知觉，有一点力气就蹒跚而行，重新走到写字台前。陀思妥耶夫斯基才到半百之年，然而他已经经受了上千年的折磨。

最后，到了最紧迫的时刻，他的命运终于说话了：这样就够了。上帝又把脸转向约伯说：陀思妥耶夫斯基可以在五十二岁时返回俄国。他的书为他作了宣传。屠格涅夫和托尔斯泰都被阴影笼罩住了，俄国现在对他更加重视了。《作家日记》使他成了他的民族的英雄。他以最后的精力和最高的艺术完成他对民族前途的遗嘱，那就是《卡拉马佐夫兄弟》。现在命运最后揭开了他的生命的意义，并且赠送给他这位受过考验的人以一秒钟最高的幸福。这一秒钟会告诉他，他的生命种子已经结出了无穷无尽的硕果。最后，在陀思妥耶夫斯基的这个瞬间里，他的胜利就像当年的痛苦那样蜂拥而来。他的上帝给他发出一道闪电。这一次不是把他击倒的闪电，而是像对他的先知们那样，用烈焰腾腾的车子把他送进永恒的闪电。俄国所有重要作家都收到了在纪念普希金一百岁诞辰大会上讲话的通知。居于首位的是屠格涅夫这个西方人，这个一生僭占陀思妥耶夫斯基的荣誉的作家。他在不大热烈但是友好的赞同声中发表了讲话。第二天是陀思妥耶夫斯基发言，在着魔的醉态下他的讲话像一道闪电。他轻度嘶哑的嗓音爆发出了极度兴奋的火焰，就像突然来临的大雷雨。他宣布了俄国全面和解的神圣使命。听众像割过的草一样都跪倒在他的膝前。大厅在爆发的欢呼声中震颤起来。妇女们争相前来吻他的手。有个大学生昏倒在他的面前。所有其他准备讲话的人都放弃了发言。这种热情直升入无限。荣誉之光在戴荆冠的头顶上[①]灿烂辉煌地燃亮了。

他的命运还要做到的事情是：在热情如火的一分钟里展示他完成了使命，他的作品的胜利。然后，命运在把纯洁的果实拯救出来以后，就把他那枯干的身体外壳抛弃了。陀思妥耶夫斯基于一八八一年二月十日逝世。一阵寒战传遍了俄国，那是个无言的悲痛时刻。但是随后代表们不约而同地从各地，甚至从最偏僻的小城镇出发，前来表达对陀思妥耶夫斯基最后的敬意。现在从这座数百万人口的城市的各个角落喷涌出人们对他的狂热的爱——太迟了！太迟了！——他们都想去看看这个一生都被他们忘却的死者。黑压压的人群向停放他灵柩的施米德大街拥来。面色阴郁的人们都以敬畏的心情无言地拥上那座工人楼房的楼梯，挤满狭小的房间，有的人身

① 据传耶稣在被钉上十字架之前曾戴荆冠。

子紧贴棺材站着。几个小时以后，鲜花都消失了。原来他是躺在鲜花下边的，数以千计的人走时都带走一朵鲜花，而没拿什么贵重遗物。小房间里的空气非常污浊，令人窒息，以致蜡烛也因无法充分燃烧而熄灭。群众还在潮水般不断地涌来，一波接一波拥向死者。由于人群过于拥挤，棺材摇动了，几乎要跌到地上。随即有上百双手扶住了棺材，搀扶着寡妇和受到惊吓的孩子。

警察局长想要禁止这次公众葬礼，因为大学生们计划把囚犯戴的锁链挂在陀思妥耶夫斯基的棺材后边。不过警察局长终于没敢对抗群众的激情，否则他们会被迫携带武器前来送葬。陀思妥耶夫斯基神圣的梦想在送葬的时候有个把小时突然变成了现实：统一的俄国。正如在他的作品中，通过博爱的感情，俄国的一切阶级和等级都变成了统一的群众那样，现在跟在他的棺材后边的数万送葬人都通过自己的痛苦变成了统一的群众。年轻的亲王、奢华的教区牧师、工人、大学生、军官、仆役和乞丐，他们都在迎风飘扬的旗帜森林里异口同声地为高尚的死者悲叹不已。为陀思妥耶夫斯基举行祈祷的教堂变成了一座特别的鲜花丛林。各党各派的人都在敞开的墓坑前边结成了一个爱戴和钦敬的誓约。就这样，他把自己的最后一个小时作为一个和解的瞬间赠送给了他的国家，并用神奇的力量又一次把当代形成疯狂对立的派别团结了起来。送葬以后，突然爆炸了一个可怕的地雷。这是一次革命，就好像是为死者放的庄严礼炮。三个星期以后沙皇遭到谋杀，这时革命的雷声滚滚，惩罚的闪电震撼着全国。正如贝多芬那样，陀思妥耶夫斯基也是在元素的神圣激荡中，在疾风暴雨中逝世的。

他的命运的意义

我成了一位能手。

善于去承受欢乐和痛苦，

忍受痛苦的欢乐，

成了我的幸福。

戈特弗里德·凯勒

在陀思妥耶夫斯基和他的命运之间进行着的是一场无休无止的斗争，一种充满深情的敌对。命运使一切矛盾都尖锐起来，他感到痛苦。命运使一切对比都分离开了，他更是痛苦得心裂欲碎。生活使他痛苦，因为生活喜爱他。他喜爱生活，因为生活非常有力地掌握着他。他这个非常博学的人在苦难中认识到了感情最强烈的可能性。他像雅各一样，在一生漫漫的长夜里与命运搏斗，直到死亡的红日东升的时候为止，而且不对命运进行赞美，他就摆脱不开痉挛。因此，陀思妥耶夫斯基这个“上帝的奴隶”理解这种信息的重要性，并且在这种信息中找到了最高的幸福——永远当无限权力的被征服者。他以激动的嘴唇亲吻着他的十字架说：“对于人来说，除了向无限顶礼膜拜，没有更不可或缺的感情了。”在命运的重压下，他弯下膝盖，虔诚地举手发誓，证明生活的神圣伟大。

陀思妥耶夫斯基以这种命运奴隶的身份通过屈从和悟解而成了一切苦难的伟大征服者，成了自《圣经》时代以来最强有力的大师和重新评价者。他的身体摔跌得愈深，他的思想便跳跃得愈高。作为一个人，他受到的苦难愈多，就愈加愉快地认识到人世苦难的意义和必然性。amor fati，即奉献给命运的爱——尼采把这种爱赞为最有益的生活法则——使得他在任何敌意中都感觉到充实，感觉到一切苦难都是幸福。对于选民就如同对巴兰[①]那样，一切诅咒都会变成祝福，一切贬低都会变成提高。他在西伯利亚脚上戴着脚镣的时候曾给无故判他死刑的沙皇写了一首赞美诗。他一再以我们无法理解的屈从态度亲吻对他进行惩罚的土地。正像拉撒路[②]面色还苍白时从棺材里复活那样，陀思妥耶夫斯基随时准备为生活之美提出证据。他从自己的慢性死亡中，从自己的痉挛中，从癫痫疾病的颤抖中振作起来，嘴上还吐着白沫就赞美起了对他进行这种考验的上帝。在他敞开的灵魂里，一切苦难都产生对苦难新的爱，都产生对新殉难者头冠不满足的、热切的、鞭笞派教徒式的渴望。如果命运对他残酷打击，那么，他会呻吟，但在血流如注的时候，就已经渴望新的打击了。他把击中他的每一道闪电都承受了下来，还把本来是要烧死他的东西转变成心灵之火和创造力的极度兴奋。面对这种恶魔般的转变亲身经历的能力，命运就完全失去了还手之力。看来是惩罚和考验的事，对于他这位智者来说，就成了向人恳求来的帮助，而且才能使这位作家振作了起来。把一个弱者消磨掉的事情，只能增强他这个极度兴奋者的精力。那个喜欢玩弄象征的世纪更是提供了一种经历的两种效果的标本。类似的闪电击中了我们世界里

① 《旧约》中人物，是美索不达米亚的预言家。

② 《新约·路加福音》中人物，据说耶稣使他从坟墓中复活了。

的另一位作家奥斯卡·王尔德。他们两位，一个是有声望的作家，一个是有地位的贵族，都在一日之间从资产阶级跌落进了监狱里。但是在这场考验中作家王尔德就像在研钵里那样被研捣粉碎，而作家陀思妥耶夫斯基经过这场考验才造就成形，就像是炽热坩埚里的矿砂一样。这是因为还有社会感受的王尔德具有社会人的外部本能，他觉得自己被打上了耻辱的烙印。他感到最可怕的贬低就是在雷丁监狱里的那次洗澡，他悉心保养的贵族身体在那里不得不跳进已经被十个囚犯弄脏了的水里。那是个完全享有特权的阶级，具有绅士们的教养，他们怕之又怕的就是身体与普通人混杂在一起。而陀思妥耶夫斯基是个超越一切等级的新人。他的内心为命运感到陶醉，因而热情地走向普通人。同样肮脏的洗澡水，对于他就变成了消除傲慢的涤罪所。在一个肮脏的鞑靼人的帮助下，他极为兴奋地体会到了基督教洗脚礼的奥秘。在王尔德身上，爵士身份比人的身份活得长久，到囚犯们中间让他感到痛苦，他所害怕的是他们会把他视为同类。陀思妥耶夫斯基却只有在窃贼和杀人犯拒绝与他结交相聚的时候才感到痛苦。这是因为他觉得，一切距离、一切不友善态度都是污点，都是自己人性的缺陷。正如煤炭和钻石是同样的元素那样，这种双重性的命运对这两位作家是各不相同的。王尔德从监狱里出来就结束了，而陀思妥耶夫斯基从监狱里出来才是开始。同样的烈火把王尔德炼成了毫无价值的废渣，而陀思妥耶夫斯基则炼成了亮闪闪的坚强性格。王尔德受到像奴隶一样的惩罚，是因为他抗拒自己的命运。陀思妥耶夫斯基则是通过热爱自己的命运进而战胜了命运。

陀思妥耶夫斯基就是一个灾祸的转变者、侮辱的重新评价者，以致只有最艰苦的命运才适合他。他从自己生存的外部危险中获得了最高的内心安全。他的痛苦变成了他的收益，他的恶习变成了他的天才，他的阻碍变成了他的动力。西伯利亚、苦役犯监狱、癫痫病、贫穷、赌博成性、纵欲放荡，等等，所有这些他生存的危机在他的艺术中都通过一种恶魔般的重新评价力量变得有益。正如人们要从矿山最黑暗的深处取得最宝贵的金属那样，艺术家永远也只能从自己本性最危险的深渊里取得光彩夺目的真理——最后的悟解。陀思妥耶夫斯基的一生从艺术家的角度看是一个悲剧，从道德上看却是无与伦比的成就。这是因为他的一生是人对自己命运的胜利，是通过内心的魔力对外部生存的重新评价。

首先，他的精神生命力对久病虚弱的身体的胜利是没有先例的。我们不可忘记，陀思妥耶夫斯基是一个病人。他不朽的作品是从断裂的虚弱肢体那里，是从火红发亮的颤抖神经那里赢取的。最致命的痛苦，形影不离的、可怕的死亡象征——癫痫病已经渗透了他的全身。陀思妥耶夫斯基患有癫痫，在他进行创作的整整三十年一直疾病缠身。这只“使人窒息的魔鬼”的手在工作中，在大街上，在谈话中，甚至在睡觉时，都会突然掐住他的咽喉，让他猛地摔倒在地上，弄得他口吐白沫，也许还使他饱受惊吓的身体磕得鲜血淋淋。在他还是个神经过敏的孩子的时候，就在奇异的幻想中、在可怕的心理紧张状态中感觉到了危险的闪电。但是，这种“神圣的病”到了监狱里才锻造成了闪电。在监狱里这种病把神经压迫得异乎寻常地紧张。陀思妥耶夫斯基身上的苦难忠实地跟随他到最后一个小时，就像每一种不幸那样，就像贫穷和匮乏那样。但是令人感到奇怪的是，这个饱受折磨的人从来没有说过一句反对考验的话。他从来没有抱怨过自己的疾病，像贝多芬抱怨他的耳聋那样，像拜伦抱怨他的瘸腿那样，或者像卢梭抱怨他的膀胱疾病那样。至今还没有证据说明，他曾经认真地求医治病。人们可以感到宽慰的是，不妨认为，他是怀着无限的 amor fati 来爱他的疾病，把疾病当作命运来爱，就如同他对待罪恶和危险那样。作家追寻踪迹的癖好抑制了他的痛苦：陀思妥耶夫斯基在细心研究自己的苦难的时候就成了自己苦难的主人。他把自己生命最外表的危险，即癫痫病，变成了他艺术的最高秘密。他从那种在眩晕预感的瞬间里奇妙地聚集而成的自我极度兴奋状态中吸取到一种闻所未闻和深奥莫测的美。这里，在极度阴森可怕的缩写里，死亡得以在生命中间被经历，在每次死亡之前的一秒钟里，可以经历生存最坚强有力和最令人心醉神迷的本质——“自我感觉”的病态的精神紧张。命运一再把他内容最丰富的那个生命瞬间，即谢苗诺夫斯基广场①上那几分钟，活生生地给他送回来，就像是一种神秘的象征，仿佛要他在感情上永远不忘一切与虚无之间令人恐惧的对比。在这里也总是黑暗约束视线，在这里感情也是从身体内倾泻而出，就像水从装得太满而又端得不平的碗里流出来一样。流出的感情随即振动展开的翅膀飞升起来，也随即觉察到了照在脱离肉体的翅膀上的非尘世的光亮。那是

① 一八四九年十二月二十二日，沙皇政府在莫斯科谢苗诺夫斯基广场宣布处死二十一名犯人，陀思妥耶夫斯基即在其中，但在处死三名犯人后改判其余犯人为苦役刑，送往西伯利亚。

另外一个世界的光线和恩惠。大地已经下沉，天体已经发出音响——这时候苏醒的惊雷把他又毁灭性地投入到平庸的生活中。每当陀思妥耶夫斯基描述这样梦境中的一秒钟的时候，他用前所未有的敏锐眼光观察的幸福感，让他的声音充满激情，而那恐惧的瞬间就变成了赞美歌。他很兴奋地劝诫说："你们健康的人呀，你们想象不到，是什么样的狂喜在发病前的一秒钟里充满了癫痫病人的全身。穆罕默德在《古兰经》里说，在他的罐子翻倒、水流出来那么个短暂时间里，他到天堂去过。所有聪明的傻瓜脑袋都断言，他是个说谎的人，是个骗子。然而这是不对的，他没有撒谎。当癫痫病发作的时候，当他本人像我这样发病的时候，他肯定是在天堂里。我不知道这种幸福的一秒钟能否延续几个小时。但是请你们相信，我不愿意用它换取生活的一切喜悦。"

在这种感情强烈的一秒钟里，陀思妥耶夫斯基的目光超越了世界上个别的事物，以烈火一般的总体感情拥抱无限。但是他秘而不宣的是每次他为痉挛地接近上帝而承受的残酷惩罚。在被击碎的水晶似的几秒钟里，可怕的崩溃格格作响，一切都成了飞迸的碎片。于是他，另一个伊卡洛斯①，便带着伤残的四肢和麻木的感官又跑回到人世间的黑夜中来。被无穷的光线照得耀眼的感情在身体的监狱里艰难但还恰当地摸索着走动。刚才还像昆虫那样愉快地振动翅膀围绕上帝的面容飞舞的感觉，如今在生存的土地上盲目地爬行。陀思妥耶夫斯基每次发病以后都进入几乎是痴呆的昏昏沉沉状态。

① 希腊神话中建造克里特岛上迷宫的名建筑师代达洛斯之子。为了逃离该岛，他身缚蜡翼，但因飞得离太阳太近，蜡翼融化，坠海而死。

对于这种状态的恐惧，他在梅什金公爵这个人物身上以自我鞭笞教派的明确性作过生动形象的描写。他躺在床上，四肢受伤，常常是撞伤的。舌头不听从声音，手不听从笔杆，他情绪沉闷而镇静地抗拒一切人际往来。大脑以和谐缩小的方式包含着千百件具体事物。现在大脑的光亮破碎了，他再也不能回忆新近的事情了。有一次他在抄写《群魔》的时候，病发作了。他很恐怖地感觉到，自己对重要情节都茫然不知，甚至连主人公的名字也忘记了。于是他就艰难地再次塑造人物，用强制性的意志把沉睡的幻想重新鼓动得充满热情，一直到又一次发病把他摔倒在地时为止。就这样，在脊背对癫痫病的恐惧之中，在嘴唇对死亡的痛苦回味之中，在生计艰难和物品匮乏的逼迫之中，他写出了最后的和最有力度的长篇小说。他的创作还强有力地上升到了死亡与幻想之间的未定状态，并且像梦游者那样准确无误。从永久的死亡中产生出永久复活者那种贪婪地紧抱生活的恶魔般的力量，为的是用强力和激情压榨出他的最高成就。

陀思妥耶夫斯基的天才要归功于这种疾病，归功于这种恶魔的灾难，这就如同托尔斯泰要归功于他的健康一样。这种病使得陀思妥耶夫斯基能升入正常人达不到的感情集中状态，还赋予他神奇的眼力，使他看到感情的阴间，看到心灵的中间王国。就像长期漂泊的流浪者奥德修斯从地狱带回信息那样，陀思妥耶夫斯基这位唯一清醒的归来者也从阴影与火焰的国度里带来了最认真的描述。他用鲜血和嘴唇上令人恐惧的战栗证明了在死与生之间存在着许多人们意想不到的状态。多亏他的疾病，他才成功地取得了艺术上的最高成就。对于这种成就，司汤达所作的表述是：“前所未有的感觉”的创造。这是在我们每个人身上都处于萌芽状态，但由于血液温度很低而未能达到成熟的感觉。陀思妥耶夫斯基对这种感觉作了十分详尽的描述。病人的灵敏听觉使得他在沉入神志昏迷之前能窃听到内心最后的话。极端的敏感让他感受到最细微的震颤。神秘的洞察力、能够预言的第二视觉的天赋让他看到我们行动的内在联系。啊，多么奇妙的转变！多么富有成果的心脏危机！艺术家陀思妥耶夫斯基强迫自己占有了一切危险，于是人便从新的范围里获得了新的重要意义。因为对于他来说，幸福和痛苦都意味着感情的终点，都意味着一种不平衡增长的强力。他不用平均寿命的普通价值来衡量，而是用自己精神错乱的沸腾度数来衡量。对于别人，最高的幸福是享受一片风景，有一个妻子，感情和谐，但总是通过人世间状态所允许的占有。在陀思妥耶夫斯基笔下，最高的幸福则是在无法忍受的状态中、在死亡的状态中的感觉的沸腾点。他的幸福是抽搐，是口吐泡沫的痉挛。他的痛苦是破碎，是衰竭，是崩溃，但总是闪电般压缩成的本质状态，这种状态在人世间是不能延续的。谁在生活中经常经历死亡，那么，他就会比正常人认识到更加有威力的恐惧。谁感觉到过没有形体的飘浮，那么，他就会有比永不离开大地坚硬的身躯更高级的乐趣。他的幸福概念意味着陶醉，他的痛苦概念意味着毁灭。因此，他的人物的幸福与增强喜悦毫无关系。这种幸福是像火一样发光、燃烧，是强抑泪水的颤抖，是危险引起的抑郁不安，是一种无法忍受、不能持久的状态，与其说是享受，不如说是受难。另一方面他的痛苦又是对沉闷窒息的烦忧，也就是对负担和恐惧所引起的平庸状态的一种克服，是一种冰冷的、几乎是微笑的明亮，是一种对苦难极端的、不知眼泪为何物的渴求，是一种干巴巴的咯咯笑声，是一种近乎喜悦的、魔鬼般的狞笑。在他之前，感情的对立从未被揭示到如此程度，世界也从未如此痛苦地紧张过，好像是处于极度兴奋与极尽毁灭之间，他把这种毁灭置放在离各种惯常的幸福与痛苦标准远远的地方。

要从命运烙在他身上的这种极性中，而且也只有从这种极性出发，才能够理解陀思妥耶夫斯基。他是分裂生活的牺牲者——作为自己命运的热情肯定者——因此也是命运反差的狂热的信仰者。他那艺术家气质的热烈感情完全来自这种对立的持续摩擦。他这个无节制的人不是否定这种对立，而是把他身上天生分裂成的两半拉得彼此相距愈来愈远：一个上天堂，一个下地狱。艺术家陀思妥耶夫斯基是最完善的矛盾产物，是艺术中，也许还是人类中最伟大的二元论者。他的恶习之一是他生存的原始意志象征性地具有了看得见的形态：对赌博的病态爱好。他还是个孩子的时候，就是个狂热的牌迷。但是，他是到了欧洲以后才了解了让自己着迷的魔鬼之镜：红与黑——轮盘赌这种在他原始的二元论中非常残酷危险的游戏。巴登—巴登的绿色赌案、蒙特卡洛的赌台都是他在欧洲最心醉神迷的东西。赌案、赌台对他神经的催眠作用比西斯廷圣母像、米开朗琪罗的雕塑、南国的风光以及全世界的艺术和文化都更为有效。原因是这里有焦急心情，就是把是黑还是红、是双数还是单数、是幸运还是毁灭、是赢还是输的抉择压缩进赌盘转动那一秒钟里的焦急心情。这种焦急心情要把精神集中成突变矛盾那种充满痛苦和喜悦的闪电形式，这完全符合他的性格。温和的过渡、平衡、微弱的增强，都是他那激动不安的急躁性格所不能忍受的。他不喜欢德语所说的用“猪肉商的方式”——谨慎、节省和计算的方式——挣钱。或然性，也就是舍身夺取全部，对他很有吸引力。正如命运玩弄他那样，现在他也要玩弄命运：他刺激导致艺术上焦急心情的或然性。在他以为万无一失的时候，他就总是用颤抖的手把他的整个生存押到赌台上。陀思妥耶夫斯基不是出于贪财欲望的赌徒，而是出于前所未闻的、“不高尚的”、卡拉马佐夫式的、要获得一切东西最坚实核心的生命渴望，出于对欺诈行为的病态向往，出于一种“高塔感受”——在深渊上鞠躬的兴致。陀思妥耶夫斯基在赌博中向命运挑战。他用做赌注的东西不是金钱，至少不总是他最后的一点钱，而是押上了他的全部生存。他为自己所赢得的是最坏的神经陶醉、死亡的恐怖、极度的畏惧、恶魔般的世界情感。甚至在黄金的毒药中，陀思妥耶夫斯基也只饮下对神圣事物的新的渴望。

不言而喻，他把这种激情如同别的激情一样，推而广之，越出一切范围，直到最极端的情况，直到成为罪恶。停顿、谨慎、犹豫不决，这都不符合他的巨人气质：“无论在什么地方，无论在什么事情上，我毕生都是跨越限度的。”而这种跨越限度正是他艺术上的伟大之处，好像他在人生方面的危险一样。他没有在市民道德的篱笆墙前止步。谁也说不清楚，他一生里跨越法律限度走了多远，他的主人公的犯罪本能有多少在他的身上变成了行动。个别事例已经得到证实，然而那可能只是很小一部分。他还是个孩子的时候就在玩纸牌中进行欺骗。正如《罪与罚》里可悲的傻瓜马尔梅拉多夫因为贪饮烧酒而偷妻子的袜子那样，陀思妥耶夫斯基也曾为了到轮盘赌场中赌博而从柜子里偷了妻子的钱和一件衣服。他《地下室手记》里的放荡淫乱到底在多大程度上反映了他本人的性欲倒错，“淫欲成性的蜘蛛”斯维德里盖洛夫、斯塔夫罗金和费奥多尔·卡拉马佐夫性欲的精神错乱他本人到底体验了多少，传记作家是不敢妄加讨论的。他的癖好和性欲反常肯定也根植于把邪恶与无辜进行对比的神秘欲望中。只是对这类传说进行探讨和推测（尽管十分明显）并不重要。但不要忘记，好色之徒、过度兴奋的性欲之人、猥亵的费奥多尔与救世主、圣徒阿廖沙有天生的血缘关系。

可以肯定的是，在性生活方面陀思妥耶夫斯基也是跨越了市民标准的人。这话不是在歌德的温和含义上讲的。歌德曾经说过一句名言：“我清楚地感觉到自己身上有一切卑劣行为和犯罪的素质。”歌德一生了不起的发展只能意味着一种在自己身上根除危险萌芽和蔓延的绝无仅有、异乎寻常的努力。这尊奥林匹斯神想要达到和谐，他最高的希求是破除一切对抗，血液的冷却，各种力量都安详地飘荡。他阉割了自身的性欲。为了艺术，为了高尚的品德，歌德在极为严重失血的情况下逐渐根除了一切危险的萌芽，当然他也在平庸的事情上花费了不少精力。但是如在二元论上是充满激情的一样，陀思妥耶夫斯基在平时偶然遇到的各种事情上也是如此。他不愿上升到和谐，他觉得和谐就是僵死，他不把他身上的对立约束成为神圣的和谐；而是使对立绷紧成为上帝和魔鬼，在他们之间就是世界。他要的是无限的生命，他觉得生命是在对比的两极之间唯一的放电现象。他身上的善与恶、危险和促进等一切萌芽都必须向上发展。一切都要在他的热带激情作用下开花和结果。他的道德不遵照典范，也不奉行标准，而只求感情强烈。对于他来说，正确地生活就是坚强地生活和完整地生活。这两者同时是善和恶，两者都具有他最坚强有力和令人心醉神迷的表现形态。因此，陀思妥耶夫斯基从来不寻求一个标准，而总是寻求充实。除他以外，托尔斯泰也在创作中心神不宁，他停了下来，放弃了艺术。他终生为之苦恼的是：什么是善？什么是恶？他是真正地活着还是虚假地活着？因此，托尔斯泰的一生是说教性的，是一本教科书，是一本宣传册子。陀思妥耶夫斯基的一生则是一件艺术品，是一部悲剧，是一种命运。他不做有目的的行动，不做有意识的行动。他不考验自己，他只是增强自己。托尔斯泰在全体人民面前高声谴责各种深重罪孽，陀思妥耶夫斯基却沉默不语。不过他的沉默不语所讲出的罪恶比托尔斯泰所谴责的一切罪恶更多。陀思妥耶夫斯基不愿进行评判，不愿进行变革，不愿有所改善。他总是想着一件事：增强自身。对于邪恶，对于他天性中危险的东西，他不进行抵抗。相反，他把他的危险当作动力去加以喜爱。为了悔过，他神化自己的罪过。为了屈从，他神化自己的傲慢。因此，从道德上去"宽恕"他，为拯救市民标准的渺小和谐去避开不标准的强烈的美，那是幼稚可笑的。

谁创造了卡拉马佐夫、《少年》中的大学生形象、《群魔》中的斯塔夫罗金、《罪与罚》中的斯维德里盖洛夫等这些肉体的狂热信仰者，这些具有强烈性欲的人，这些淫乱的行家里手，他在生活中也就亲自了解了淫荡生活的种种最低级形式。为了赋予这些人物形象残酷无情的真实性，对于放荡行为在精神上的喜爱是很必要的。他以无与伦比的敏感性了解双重含义上的性爱，了解肉体亢奋状态的性欲。这种性欲在泥泞中蹒跚而行，变成淫乱，直到最精致的精神堕落；这种性欲凝结成为阴险，成为罪恶。他能在形形色色的假面具下认出性欲，他还会以最内行的眼光微笑着看待性欲的狂暴行为。他也熟悉最高尚形态的性欲，这时爱情变成了无肉欲的，变成了同情、愉快的帮助、世界性的博爱和如倾的泪水。所有这些十分神秘的本质都存在于他的身上，不仅像在所有真正作家笔下那样存在于挥发性的化学痕迹中，也存在于最纯洁与最有力的提取物中。他笔下的放荡行为是他带着性欲的激动和感官的颤动描写的，其中有些很可能是他怀着喜悦所经历过的。但是，我这话并不是说（绝对不可作这样的理解），陀思妥耶夫斯基是个纵欲者，是个以肉欲取乐的人，是个沉迷于享乐的人。他只是寻求喜悦，就像他寻求痛苦一样。他是本能的农奴，是专横精神与肉体的好奇心的奴隶。这种好奇心用鞭子把他驱赶进危险事件中，赶进偏僻斜道的荆棘丛中。他的乐趣也不是平庸的享受，而是用全部感官的生命力进行的赌博和赌注，是一而再再而三地感受癫痫病暴风雨式的、神秘的性欲冲动的愿望，是在发病预兆的危险喜悦那么紧张的几秒钟里集中感情，然后昏昏沉沉地在懊悔中摔倒。在情欲中他只喜欢危险的闪光颤动、神经的娱乐和自己体内的本性。他在一切情欲的自觉意识与朦胧羞耻的罕见混合中寻找对立面，在懊悔中寻找沉渣，在耻辱中寻找无辜，在罪恶中寻找危险。陀思妥耶夫斯基的性生活是一座条条道路都纠结在其中的迷宫。上帝和野兽在一个肉体里毗邻而居。在这个意义上，人们就可以理解卡拉马佐夫的象征：作为天使、圣徒的阿廖沙就是残酷无情的“淫欲成性的蜘蛛”费奥多尔的儿子。淫欲产生纯洁，罪行产生伟大，喜悦产生痛苦，而痛苦又产生喜悦。矛盾永远都是互相牵连的。他的世界横跨在天堂与地狱之间，上帝与魔鬼之间。

因此，无限地，无保留地，故意不作抵抗地献身于自己分裂的命运——amor fati，就是陀思妥耶夫斯基最后的和唯一的秘密，就是他极度兴奋的创造性火源。正因为生活分配给他的非常之多，并在苦难中给他打开了感情的无可估量性，所以他热爱残酷的——善良的、神圣的——不可理解的、永远不能学会的和永久神秘的生活。他的标准是充实，是无限性。他从来不愿走轻波柔浪拍击的生活道路，而只想走更加全神贯注，更加紧张充实的道路。他身上有什么样的萌芽？有善的萌芽和恶的萌芽。他通过欢欣鼓舞和极度兴奋增强了一切激情，一切罪过。他没有在危险中故意根除过什么东西。他身上的赌徒把他作为赌注毫无保留地押到了权力的激情赌博之中，这是因为只有在黑或红、死或生的旋转中他才能心醉神迷地感觉到他生存的全部欢乐。他用歌德的话回答自然界：“你把我摆放了进去，你还会把我再领出来。”他完全没有想过去改善，去扳直，去削弱命运，他从来不在安静中追求完成、终结，他只是追求在苦难中增强生命。他对新的内心激动的感情拍卖价愈来愈高。这是因为他不想为自己营利，而只要有感情最高的总额。他不愿像歌德那样僵化成水晶体，冷静地用数以百计的平面摆弄运动的混乱状态，而是要始终是火焰，自我毁灭。他要每天自行熄灭，以便每天又重新燃起，永远不停地重复。但是每天燃烧都是用更强的力量，都是出自更加紧张的感情。他不想驾驭生活，而是要感觉生活。他不要当命运的主人，而是要做对自己的命运狂热信仰的奴隶。只有这样，只有作为“上帝的奴隶”，作为最彻底的献身者，他才能成为对全部人性了解最深的人。

陀思妥耶夫斯基把对自己命运的操纵权交还给了命运。因此他的生命变得很强大，凌驾于某一偶然的时代之上。他是个着了魔的人，听命于永恒的权力。过去神秘主义时代里信仰宗教的作家、先知、伟大的狂人及命运困顿之人都以他的形象在我们明亮的、有文献可查的时代之光中复活了。在这个巨人般的人物形象中有某些远古时代和英雄史诗中的东西。如果说其他文学作品都像从时代的洼地里拔地而起并遍布鲜花的山冈——虽然是能造型的原始力的产物，但是在时间消磨中已经平缓了，甚至可以走近它的高峰了——那么，陀思妥耶夫斯基创作的圆形山顶就显得离奇古怪，极为苍老，像是寸草不生的、火山形成的脉岩。但是火焰从他撕开胸膛的火山口里喷出，直喷到我们这个世界最底层岩浆的核心：这里与所有的肇始相关联，与原始力的要素相关联，因此，在陀思妥耶夫斯基的命运和作品里我们会不寒而栗地感觉到全部人性神秘莫测的深度。

陀思妥耶夫斯基的人物

噢，你们可不要相信人的统一性。

陀思妥耶夫斯基

陀思妥耶夫斯基是火山性的，因此他的主人公也都是火山性的。这是因为，每个人最终都只能证实创造了他的上帝。他的主人公都不是平静地安置到我们这个世界里来的。他们凭自己的感受触及了最根本的问题，他们中间的现代神经病人与把生命只理解为激情的原始本质相配合。他们都用最新的悟解力同时结结巴巴地讲到了世界的重大问题。他们的形态还没有冷却下来，他们的火成岩还没有形成地层。他们的相貌还不平整光洁。他们永远是尚未完成的，因而倍加富有生气。这是因为完成的人也就是结束了的人。所以在陀思妥耶夫斯基笔下一切都进入了无限之中。

他觉得，人物只有在分裂为二，成为有问题的人的时候，才能充做主人公，才在艺术上有值得塑造的价值。他把完成的人、成熟的人都从身上摇落下来，就像一棵树摇落自己的果实那样。只有当他的人物受苦受难的时候，只有当他的人物具有使自己生命增强而且成为分裂的表现形态的时候，只有当他的人物还是将要变成命运的混乱状态的时候，陀思妥耶夫斯基才爱他的人物。

为了更好地理解陀思妥耶夫斯基的人物令人赞叹的特点，我们不妨把他的人物摆到另一个形象跟前。我们来作一番比较吧。如果我们提出巴尔扎克的一个主人公作为我们心目中法国长篇小说的典型，那么，我们就会在不知不觉间产生一种对率直性、界限性和内心完整性的想象。这是一个如同几何图形一样明确，如同几何图形一样充满规则的概念。巴尔扎克所有的人物都是用一种独特的、精神化学可以精确确定的物质制作的。他们都是元素，都具有这种元素的一切本质特征，因而在道德方面和心理方面也都有典型的反应形式。他们几乎已经不是人了，而简直都已经变成了人的特征，成了一种激情的精密机器。在巴尔扎克那里，我们可以把一种特征作为有关的概念加在每个人名上边：拉斯蒂涅等于野心勃勃，高老头等于牺牲精神，伏脱冷等于无政府状态。在每个这样的人物身上，都有一个主导的推动力把其他一切内部力量集中起来，纳入中央生命意志的方向。这些人物对每一次生活刺激都会作出精确反应。为了这种精确性，我们不妨在最高的意义上把这些人物都称为机器人。他们真的如同机器一样，技术专家可以计算出他们的有效功率和阻力。一个人如果多少读过一些巴尔扎克的书，那么，他就能够计算出某个人物性格对于实际事情的回答，这就像根据石头受到的推动力和石头的重力就能计算出石头的抛物线一样。在这个范围以内，吝啬鬼葛朗台在他女儿表现出牺牲意向和英雄气概的时候，就变得更加贪婪。关于高老头，在他还过着中等富裕的生活，还细心地往假发套上扑粉的时候，人们早就知道，为了他的两个女儿，他迟早要卖掉自己的马甲，还会弄毁他最后的财产银餐具。高老头出于性格气质的统一性，也出于人间的肉体用人性的形式包裹得不完整的本能，不能不如此行动。巴尔扎克的人物性格（维克多·雨果、司各特、狄更斯等人的人物性格也一样）都是低级的、单色的、向目标努力的。他们都是统一体，因此都可以放到道德的秤盘上衡量。在精神的宇宙中，只有他们遭遇到的偶然事件是多姿多彩的，形态千差万别的。在那些叙事文学作家的笔下，经历是多样的，人物则都是统一体。长篇小说本身于是成了针对人世间的权力而进行的争权夺利的斗争。巴尔扎克的主人公，乃至全部法国长篇小说的主人公，不是强于社会阻力，就是弱于社会阻力。他们不是征服了生活，就是被碾到了生活的车轮下边。

德语长篇小说的主人公——人们会想到其典型威廉·麦斯特或者绿衣亨利[①]——肯定都不符合他们的基本方向。他们的身体里边有许多声音。他们在心理上是多变化的，在精神上是多声部的。善与恶，强与弱，都错综复杂地汇聚到了他们的心里。他们的开端就是杂乱无章的，早年的浓雾遮蔽住了他们纯净的目光。他们感到自己身上有多种力量，但是这些力量还没有聚集到一起，还处于相互抵触之中。他们不具备和谐，但是他们确实受到了要成为统一体的意志的鼓舞。从最新的意义上说，德国的天才所追求的始终是秩序。所以，所有小说在那些德国的主人公身上所发展的无非是个性。各种力量聚集起来了，这个人物就升格成为德国人的理想，升格成出色的才干。用歌德的话说就是，“人物性格是在世界的激流中形成的”。被生活混合在一起的各种元素在得到的平静中都澄清而成结晶体。这便是麦斯特走出了学徒年代。从所有这类书的最后一页里，从绿衣亨利身上，从许佩里翁身上，从麦斯特身上，从奥夫特丁根[②]身上，都有明亮的眼睛精神饱满地看着一个明朗的世界。生活与理想和解了。现在井然有序的各种力量再不是处于互相抵触、浪费无度的混乱状态，而是都在节约地为最高的目标工作。歌德和所有德国作家的主人公都实现了自己的最高形式。他们都变得

① 威廉·麦斯特、绿衣亨利分别为歌德的小说《威廉·麦斯特》和凯勒的小说《绿衣亨利》中的主人公。

② 许佩里翁和奥夫特丁根分别为荷尔德林和诺瓦利斯同名小说中的主人公。

会工作，而且很干练。他们都从经验中学会了生活。

但是陀思妥耶夫斯基的主人公不去寻求，更不要说找到与现实生活的关系，这是他的主人公的特点。他们根本不想进入现实中来。他们从一开始就想超越自身，进入无限。他们的王国不属于这个世界。对于他们来说，价值、头衔、权力和金钱的外表形式所具有的价值，既不像在巴尔扎克笔下那样作为目的，也不像在德国人笔下那样作为手段。他们根本不想在这个世界里获得成功，不想提出主张，也不想整理秩序。他们对待自己不加珍惜，而是进行自我耗费。他们不进行计算，而且永远也无法计算。他们想要感觉到自己，感觉到生活，但不是要感觉到生活的阴影和镜子里的虚像，不是要感觉到外表的真实，而是要感觉到伟大而神秘的元素，感觉到宇宙的权力，感觉到存在的感情。如果对陀思妥耶夫斯基的作品进行愈来愈深入的挖掘，那么，到处都有作为最深的源泉的这种十分初级的、几乎是植物性的狂热生命追求。那种极为原始的欲念不要求个别具体形式的幸福或者苦难、价值、区别，而是想要如同人们在呼吸时所感觉到的那种十分统一的喜悦。他们要从最初的源头饮水，而不要从城市和大街边的水管里饮水。他们要在自身中感觉到永恒和无限，把人间世界撂到一边。他们只知道一个永恒的世界，不知道社会的世界。他们既不要学会生活，也不要征服生活。他们只需要感受到生活仿佛是赤裸裸的，只需要感觉到生活是存在的极度兴奋。

出于喜爱世界而疏远世界，出于对真实的热情而显得不真实。陀思妥耶夫斯基的人物形象最初使人感到有些头脑简单。他们干脆没有方向，没有可以看到的目标。这些确实已经成熟的人都像盲人一样在世界上蹒跚而行，到处摸索。他们停下脚步，环顾四周，提出问题，没有等到回答就继续跑进不熟悉的事物中。他们似乎十分新鲜地进入了我们的世界，对它还不习惯。所以人们简直不理解陀思妥耶夫斯基的人物。人们不考虑他们是俄国人，是一个从千百年野蛮的无意识冲进我们欧洲文化里的民族的孩子。这些人摆脱了古老的文化，摆脱了宗法制的东西，但是对新的文化还不熟悉。于是大家便站在中间，站在十字路口。因此，每个个人的不安全就是整个民族的不安全。我们欧洲人处于古老的传统中犹如住在一所温暖的房子里，十九世纪，也就是陀思妥耶夫斯基时代的俄国人把他们住过的远古野蛮时代的木房子烧掉了，但是又没有建造起新的房子。他们都是断了根的人，迷失了方向的人。他们有青年人的精力，两只拳头有野蛮人的力气。但是各种各样的问题使得他们的本能不知所措。强有力的手不知道首先去抓什么，于是便伸出手去乱抓一气，而且从不知足。在这里，人们可以感觉到，陀思妥耶夫斯基每个人物的悲剧都来自全民族命运的具体分裂和受到的抑制。十九世纪中叶的俄国还不知道往何处去：是向西方还是向东方，也就是向欧洲还是向亚洲，是走向“艺术之城”彼得堡，进入文明，还是退回到农庄，进入草原。屠格涅夫把他们往前拉，托尔斯泰把他们往后推。一切都处于焦躁不安之中。沙皇制度直接面对的是一种共产主义的无政府主义状态。这个时候世世代代流传下来的正教信仰横向跳跃，跳进了狂热而猛烈的无神论里。在这个时代里，什么东西都不稳固，什么东西都没有自己的价值，没有自己的标准。信仰之星已经不在他们头上放射光芒，他们胸中也早已没有了法律。陀思妥耶夫斯基的人物是一种伟大传统的断根人，是真正的俄国人，是过渡人。他们心里是开始的混乱状态，还背负着克制和没有把握的重压。对于他们来说，没有哪个问题得到了回答，也没有一条道路平整了出来。他们都是过渡时期的人物，也是开创时期的人物。每个人都是一个议会：背后是烧掉的船，面前是陌生的世界。

但是事情是很奇妙的。因为他们是开创时期的人物，所以在每个人身上都开始了一个世界。在我们这里已经僵化成冰冷概念的一切问题，在他们的心目中都还是火热通红的。我们有自己的道德扶手和伦理路标。我们走着舒服和很习惯的路。对这些他们都是不熟悉的。无论什么时候，无论在什么地方，他们都在丛林中穿行，进入无边无际之中，进入无限之中。每一个人都像列宁和托洛茨基那样，觉得必须由他来重新建立全世界的秩序。这一点，俄国人对于欧洲来说是难以用笔墨形容的价值：这里一种用之不竭的好奇心又一次把生活的全部问题提交给了无限性。我们受了我们的教育，变得迟钝没有生气的时候，他们却都还是刚强猛烈的。在陀思妥耶夫斯基笔下，每个人都又一次审核了所有的问题，用沾满鲜血的双手移动了善与恶的界碑。为了走向世界，每个人都为自己制造了无政府状态。在陀思妥耶夫斯基的笔下，每个人都是奴仆、新救世主的宣告人、一个第三帝国的殉道者和宣布者。在他们的心胸中还是开创时的混乱状态，但也有了在地球上创造光明的第一天的朦胧，而且已经预感到了创造新人的第六天。

陀思妥耶夫斯基的人物都是一个新世界的筑路人，陀思妥耶夫斯基的长篇小说都是新人从俄罗斯精神的母腹里出生的神话。

但是一个神话，特别是一个民族的神话，是需要信仰的。因此人们试图不通过水晶般的理性介质来理解他的人物。只有感情，只有兄弟般的感情才能够理解他们。对于普通的人来说，对于英国人、美国人及注重实践的人来说，卡拉马佐夫家的四个人显然一定是四个互不相同的傻瓜。陀思妥耶夫斯基的整个悲剧世界就是一所精神病院。这是因为他们觉得世界上最无关紧要的事情——幸福生活——却历来是，而且也将永远是健康简朴的首要问题和最后的问题。你们打开欧洲每年生产的五万种书，看看那些书都讲了些什么！都是讲幸福生活。一个女人想要个丈夫，或者一个男人想拥有财富、权势，并且受人尊敬。在狄更斯笔下，一切愿望的终点都是惹人喜爱的草舍茅屋和绿草坪上的一群活泼的孩子。在巴尔扎克笔下，结局总是和上议院的头衔及百万家产联系在一起的。如果我们在街上环视左右，就看到小店铺里、低矮的房子里及明亮的厅堂里的人。他们都在想些什么呢？想的是幸福平安，心满意足，广有财富，有权有势。陀思妥耶夫斯基的人物中有谁想要这一切呢？绝无一人。他的人物无论在什么地方都不想停步不前，甚至在幸福的时候也不愿停下来。他们要继续往前走。他们都有那么一颗自找苦吃的“比较高尚的心”。他们对幸福平安漠然视之，对心满意足漠然视之，对广有财富与其说是正中下怀，不如说是轻蔑唾弃。他们这些古怪的人压根儿不想要我们整个人类想要的任何东西。他们有异于常人的判断力，他们不想从这个世界里取得任何东西。

那么，他们是知足的人吗？是对生活缺乏热情或不感兴趣的人吗？或者他们是禁欲者吗？恰恰相反。陀思妥耶夫斯基的人物——我这样说过——都是重新开始的人。他们都有特殊的天赋和钻石般光彩夺目的理智，都有儿童的心灵和儿童的欲望。他们不是只要这一个或者那一个，而是要所有的一切，而且一切都要坚强有力。善良和邪恶，热诚和冷酷，亲近和疏远。他们都是夸张的人，都是没有节制的人。他们在一切东西中寻求最高级的，到处寻找感觉的烈火。在这样的烈火中，偶然事件的普通合金是要熔化的，残留下来的只能是岩浆一般强烈的世界感情。他们像马来狂人一样跑进生活中来，从贪婪转入悔恨，从悔恨又转入行动，从罪行转入自白，从自白又转入极度兴奋。但是他们都顺着自己命运所有的大街小巷一直走到底，一直走到摔倒在地，口吐白沫，或者由别人把他们打倒在地为止。噢，每一个人都有这样的生活渴望——每一个完整而年轻的民族，每一个新的人都从他的嘴唇上渴望世界，渴望知识，渴望真理！你们在陀思妥耶夫斯基的作品里能找一个心平气和地呼吸，正在休息，或者达到了目的的人物给我看吗？没有一个！绝无一人！他们全都正在参加一场冲向高山和冲向深谷的迅猛赛跑——按照阿廖沙的说法，谁要踏上第一个台阶，就不得不奋争到最后一个台阶。不管是在严寒中，还是在酷暑里，他们都在向各个方向伸手，表示渴求。这是一些不知满足的人，这是一些没有节制的人。他们只能到无限之中寻求和找到他们的标准。每个人都是一团火焰，一团心神不安的火焰。心神不安就是痛苦。因此，陀思妥耶夫斯基的主人公都是伟大的受苦受难者。他们的面容都已扭曲，全都生活在狂热中、痉挛中、抽搐中。有位伟大的法国人在惊骇之余称陀思妥耶夫斯基的世界为一所精神病人的医院。确实如此。对于初次看到的人来说，对于外来的人来说，他的世界是一个多么悲惨的地方！一个多么离奇古怪的地方！这里有充满烧酒气味的酒吧，有监狱牢房，有郊区居民角落，有青楼里巷和低级酒馆。在这里伦勃朗式的昏暗中麇集着各种极度兴奋的人物：有双手沾满死者鲜血的凶手，有哄堂大笑的听众中的酒鬼，有黄昏时分在街口路旁出现的脸色发黄的姑娘，有在大街拐角乞讨度日的癫痫病孩子，有西伯利亚苦役犯监狱里的七重杀人犯，有处于同谋人拳头之间的赌徒罗果仁——他像个动物一样滚到他妻子锁了门的房间前，有在肮脏的床上弥留的诚实的贼。这里真个是感情的阴曹，这里真个是情欲的地府！噢，多么悲惨的人类！俄国覆盖在这些人头上的是多么灰暗、低沉而且永远朦胧的天空！内心与景色都是多么阴暗！这里是不幸的地方，是绝望的荒漠，是没有慈悲、没有公道的炼狱。

噢，这些人类，这个俄罗斯的世界，它当初是多么黑暗，多么混乱，多么陌生，多么充满敌意！它好像是被苦难淹没了。因而这块大地——正如伊万·卡拉马佐夫异常愤恨地说的那样——“直到最深处的核心里都浸透了泪水”。但是也正如陀思妥耶夫斯基的容貌那样，看见的人最初感到的是忧郁、面如土色、深受压抑、粗野、经历坎坷，然后感到的是，他额头上的光在深思中辉耀他面部表情的世俗性，照亮了他通过信仰达到的深度。在作品中精神的亮光也是这样照穿了模糊不清的物质。陀思妥耶夫斯基的世界好像完全是用苦难塑造成的。但在那些人物身上一切苦难的总和只是表面看来大于任何其他作品。因为在这些人物的身上有某种东西在起作用，来进行对照和交换，性欲快感、对幸福的乐趣、对痛苦中乐趣的深思、对痛苦的兴趣：他们的忧伤不幸同时也就是他们的幸福平安，他们用牙把它紧紧咬住，贴在胸前温暖它，用手抚摸它，表示好感。他们全心全意地喜爱它。如果他们只是最不幸的人，他们就不会爱它。这种交换，这种感情在内心里飞速激动的交换，这种陀思妥耶夫斯基人物永不停息的重新评价，也许只消用一个例子便能说明白。我选取的是一个以上千种形式重现的例子：一个人因为受到侮辱——不管是实有的侮辱，还是想象的侮辱——而遭遇到苦难。任何一个朴实而敏感的人，不管是小官员还是将军的女儿，都会受到某种伤害，都会由于一句话，也或许是一件无所谓的小事而损伤了自尊心。第一次伤害自尊心就是使整个有机体内心震荡的最初效应。于是这个人就感到了痛苦。他受到了伤害，便埋伏暗处，全神贯注，等待着新的伤害。第二次伤害来临了：这就真的是祸不单行了。但是奇怪的是，伤害不再使人痛苦了。诚然受伤害者要诉说，要呼喊，但是他的诉说已经不是真实的了，因为他喜爱这种伤害。在这种“对自己的屈辱持续不断的意识中有一种隐蔽的、反常的享受”。现在他有了一个新的自尊心，即殉道者的自尊心，顶替了被伤害的自尊心。于是现在他心里产生了对新的伤害的渴望，他渴望更多更多的伤害。他开始进行寻衅，进行夸张，进行挑战：现在他的渴求是痛苦，是贪欲，是乐趣。人家既然侮辱了他，他（这个没有节制的人）便想干脆完全卑微下去。于是他不再让别人平抚他的痛苦，他咬紧牙关抓住它。他的敌人就成了乐于帮助他的人，就成了他所爱的人。因此，小纳莉把火药三次打到医生的脸上，拉斯柯里尼科夫把索妮亚推回去，伊柳沙咬心地善良的阿廖沙的手指头——这些都是出于爱，出于对自己所受苦难的狂热的爱。他们都爱苦难，因为在苦难中他们很强烈地感受到了生活，感受到了他们所爱的生活，还因为他们知道，“在这个世界上，只有通过苦难才可能真正地去爱”。他们要的就是这个，主要就是这个！苦难是他们存在最有力的证明。他们提出：“我受苦难，所以我存在。”而不是“我思，故我在。”于是这个“我存在”在陀思妥耶夫斯基及其所有人物那里就是生活的最高胜利，是最高级的人世感情。迪米特里在监狱里为这个“我存在”，为存在的欢乐而高唱赞美诗。也正是因为对生活的这种爱，他们才觉得苦难是必不可少的。我说过，陀思妥耶夫斯基笔下苦难的总和只是看来大于所有其他作家笔下苦难的总和。因为，如果有那么一个世界，那里没有什么是严峻无情的，那里的每一个深渊都还有出路，那里的每一种不幸里都还有心醉神迷，那里的任何绝望中都存在着希望，那么，那就是陀思妥耶夫斯基的世界。他的作品除了是现代的使徒列传，是通过精神在苦难中得到拯救的传说，是人生信仰的皈依，是走向悟解的朝圣旅程，是穿过我们世界前往大马士革之路，还能是什么呢？

在陀思妥耶夫斯基的作品里，人物都在为自己最后的真实，为自己普遍人类的“自我”而进行搏斗。至于是否发生了凶杀，或者是否有个女子正在热恋等等，都是无关紧要的事，是表皮之事，是布景装饰。他的长篇小说都发生在人内心的最深处，发生在心灵的空间里，发生在精神的世界里。至于书中的偶然事件、重要情节、外部生活的命运，都不过是台词提示语、效果道具的机关装置及布景的框架结构而已。悲剧永远在内部，而且悲剧永远意味着征服障碍，也就是为真实进行斗争。他的每一个主人公都像俄国本身一样在思考：我是谁？我有什么价值？他在无限的空间里和无限的时间中无休无止地寻找自己，或者是寻找自己本质的最高级形式。他要认定自己就是上帝面前的人，所以他要作出自白。对于陀思妥耶夫斯基的每个人物来说，真实比必需品更重要。他觉得真实就是没有节制，放纵情欲，而自白就是他最神圣的喜悦，是他的抽搐。在陀思妥耶夫斯基笔下的自白中，内心的人、普通的人、上帝的人，通过尘世的人显露出来；真理——这就是上帝——通过肉体的存在显露出来。啊，放纵情欲，他的人物用放纵情欲来表现自白，就像他们用放纵情欲来掩饰自白一样。例如拉斯柯里尼科夫在波尔菲里·彼特罗维奇面前就总是把放纵情欲遮蔽地显示出来，随即又把它隐藏起来，如此反复。又如他们声嘶力竭地叫喊，坦白出比实际更多的真实，还有他们在神经错乱的暴露狂中展示自己的裸体，再如他们混淆罪恶和道德——在这里，只有在这里，陀思妥耶夫斯基特有的内心激动才处于为真实而进行的搏斗之中。他的人物的重大斗争，即强烈感人的内心叙事诗都在这里，在很深的内部。在这里，在他们身上把俄国气及外国味的东西都消耗殆尽的时候，他们的悲剧才完全变成了我们的悲剧，普通人的悲剧。于是我们便在自我诞生的神秘中无休止地经历了陀思妥耶夫斯基关于新的人，即关于世上每个尘世人身上普通人的神话。

自我诞生的神秘：我是这样称呼在宇宙进化论中，在陀思妥耶夫斯基创世说中的新人创造的。我试着把陀思妥耶夫斯基所有本性的故事用一个故事讲述出来，作为他的神话。这是因为那形形色色上百个变化的人物归根结底都有着统一的命运。他的人物都生活在同一种经历的变形中，这种经历就是演变成人。陀思妥耶夫斯基所有主人公的开端也都是相同的。他们特有的生命力使他们作为真正的俄国人感到忧虑不安。在青春期，也就是在性感和才智觉醒的年代里，他们爽朗活泼、自由自在的性格都转暗淡了。他们隐隐地感觉到身体内正在酝酿一种力量，一种深奥莫测的欲望。某种被隔离的东西、增长的东西和胀大的东西要从未成年人的衣服里出来。一次莫名所以的怀孕（这是他们体内萌生的新人，但是他们对此毫无所知）使得他们精神恍惚。他们在沉闷的房间里或者在偏僻的角落里孤独而坐，变得不修边幅。他们日日夜夜都在思虑自己的事。他们一连几年经常在罕见的无所动心中沉思。他们保持着精神呆滞、近乎佛像的状态。他们向前深深弯腰，为的是像怀孕不足月的妇女那样倾听自己身体内第二颗心脏的跳动。怀孕者的一切深奥莫测的精神状态都侵袭着他们：对死亡歇斯底里的恐惧，对生活的害怕，病态的过分热情以及反常的性欲要求。

最后他们明白了，他们孕育的是某种新思想。于是他们想方设法要揭开秘密。他们使自己的思想机敏起来，让思想尖刻锋利得像外科医生的手术刀那样。他们剖析自己的状况，他们把自己抑郁沉闷的心情塞进一场偏激的谈话中。他们绞尽脑汁进行思考，直到脑子在幻想中有起火危险的时候为止。他们把自己的全部思想锻造成一个唯一的妄念，并且把这个妄念一直想到底，钻进危险的、由他们掌握却反对他们的牛角尖里。基里洛夫、沙托夫、拉斯柯里尼科夫、伊万·卡拉马佐夫等，所有这些孤独者都有“他们的”思想，那是虚无主义的思想、利他主义的思想、拿破仑式世界妄想的思想。这些思想都是他们在病态的孤独中酝酿而成的。他们想要一种对付将由他们变成的新人的武器。这是因为他们的自尊心要防止新人，压制新人。其他人则大发雷霆地试图扼杀这不可思议的萌芽、这痛苦的发酵。我们继续借用这个比喻：他们想方设法堕胎，就像妇女从楼梯上往下跳，或者跳舞、服毒那样，目的是摆脱不受欢迎的胎儿。他们肆意喧闹，为的是压住身体内轻轻流动的声响。有时候他们甚至自我毁灭，那目的也不过是要毁掉这个胚胎。在这些年代里，他们故意失踪，他们饮酒，他们赌博，他们变得生活放荡。所有这些人物都偏激到了最后的疯狂（否则他们就不是陀思妥耶夫斯基的人物）。是痛苦把他们驱赶进了自己的罪恶里，而不是随随便便的欲望在驱赶他们。他们饮酒不是为了快乐，也不像正直的德国人那样是为了睡意蒙眬，而是为了心醉神迷，为了忘却他们的妄念。赌博不是为了钱，而是为了消磨掉时间。生活放荡不是为了满足性欲，而是为了消失在对自己真实生活范围的超越中。他们都想知道，自己是何许人。因此他们要寻找界线。他们要在过热中和冷却中认识到自我的最外缘，特别是要认识到自己的深度。他们在这种强烈的乐趣中，热情直达上帝，他们又往下沉沦，堕落到牲畜之列。但是他们始终是为了确定在自己身体中的人。或者，他们由于不认识自己，所以就想办法至少要证明自己。科利亚投身到火车底下，为的是证明自己是勇敢的。拉斯柯里尼科夫杀害了一个上年岁的妇女，为的是证明自己的拿破仑理论。他们的所作所为都超过限度，只为了达到感情的最外缘。他们投身于任何深渊，都是为了认识自己的深度，认识自己人性的范围。他们从性感堕落成纵欲放荡，从纵欲放荡堕落成行为残暴，并且一直堕落到最低限度的、冷酷无情的、精心策划凶恶罪行的终点。但是所有这一切都出于一种变化了的爱，出于一种要认识自己本质的渴望，出于一种变异的宗教幻想。他们从明智的清醒状态跌进精神错乱的陀螺里。他们精神上的好奇心变成了性欲反常，他们的罪恶行径放肆到伤害儿童和进行凶杀。但是他们这些人的典型特征是，在增长的喜悦中伴有增长的厌恶，他们偏激和悔恨意识的火焰一直闪烁到他们狂暴行为深渊的最深处。

但是他们在夸大性欲和夸大思想方面跑得愈远，他们也就愈接近自身。他们愈是想要自我毁灭，他们也就愈是能更早地获得成功。他们可悲的狂饮就是抽搐，他们的罪恶行径就是他们自我新生的痉挛，他们的自我毁灭只是破坏了内部人身上的外壳，是最高意义上的自我解救。他们愈是全力以赴，弯腰曲背，蜷缩不展，他们也就愈是不自觉地促进了新生。这是因为，只有在最剧烈的痛苦中，新的生物才能来到世界。此外还必须有一种怪异的、陌生的东西到场，把他们解放出来，有某种力量在他们最艰难的时候成为助产士。善良，即全人类之爱，必须帮助他们。为了创造纯洁，就必须有最极端的行为，必须有使得他们的全部官能紧张到绝望地步的罪恶。在这里如同在生活中一样，每一次新生都笼罩着死亡危险的阴影。死亡和新生，人类能力这两种最极端的力量在这一瞬间里密切地交织在一起了。

因此，陀思妥耶夫斯基关于人的神话就是：每个人混合的、模糊不清的、形形色色的自我都怀有真正的人（没有原罪的和中古世界观的那种原始人）的胚胎，也就是最基本的、纯洁神圣的本质的胚胎。把这种原始的永恒人从文明人暂时的身躯中生出来，就是最高的任务，最真实的人世责任。每个人都是怀了孕的，因为生活不排斥任何人。生活在某个幸福的瞬间用爱情接待了每一个尘世的人。然而并不是每个尘世的人都能生下他的胎儿。有些人的胎儿会在精神的惰性中腐烂、死亡，而且使他中毒而死。还有的人死于疼痛，只有孩子——也就是思想——降临到了世上。基里洛夫就是一个为了能够保持完全真实而不得不自杀的人。沙托夫则是一个为了证明自己的真实而被杀害的人。

但是，陀思妥耶夫斯基的其他英雄般的主人公：佐西马长老、拉斯柯里尼科夫、斯捷潘诺维奇、罗果仁、迪米特里·卡拉马佐夫等都是为了像蝴蝶一样飞出死亡的形态，要从爬行的虫变成长翅膀的虫，要成为从大地重力中飞升出来的东西而毁灭了社会中的自我，即毁灭了他们内部本质迟钝的毛虫状态。感情障碍的表层外壳破裂了。普通人的感情涌流而出，又流回到无限之中。一切个性问题，一切特性问题，都在感情之中解决了。因此，这些人物形象在其完成的那个瞬间都是绝对的相似。当他们摆脱罪恶，泪流满面，走进新生活的光明中的时候，几乎区分不开阿廖沙与佐西马长老，也几乎区分不开卡拉马佐夫与拉斯柯里尼科夫。陀思妥耶夫斯基所有长篇小说的结尾都是希腊悲剧式的净化，也就是庄严的赎罪。在雷鸣电闪的暴风雨之上，在纯净的大气层之上，是宏伟的彩虹在闪耀着光辉。这是最崇高的、俄罗斯的和解象征。

当陀思妥耶夫斯基的主人公从自身生出纯洁的人的时候，就进入了真正的集体。在巴尔扎克笔下，主人公能压制社会的时候就是取得胜利的时候。在狄更斯笔下，主人公顺利平安地进入社交圈、进入中产阶级、进入家庭、进入职业就是取得了胜利。陀思妥耶夫斯基的主人公力争达到的集体不再是社会的，而是一个宗教的共同集体。他寻求的不是社交聚会，而是世界友爱。他所有的长篇小说唯一讲述的都是这种最后的人：社会性，具有不完全的骄傲和扭曲的仇恨的社会中间状态已经克服了，自我之人就变成了普遍之人。于是他的心便以无限的谦卑和火热的友爱向兄弟——其他每个人身上纯粹的人——致意。这种最后的、纯化过的人再不知道差别，再没有社会的等级意识。他的感情是毫无掩饰的，如同在天堂乐园中一样，没有羞耻，没有傲慢，没有仇恨，也没有蔑视。罪犯和妓女、凶手和圣徒、王公和醉鬼，都在生活最底层，在最真实的自我中进行对话。一切阶级都相互交流，心心相印，肝胆相照。在陀思妥耶夫斯基笔下具有决定意义的是，一个人在多大程度上变得真实，达到了真正的人性。至于这种赎罪、这种获得自我是如何得以实现的，那无关宏旨。谁要是认识到这一点，他就懂得了一切，他也就明白了“对人的精神法则还研究得很不够，还是深奥莫测的，以致至今既没有根治的医生，也没有终审的法官”。他知道，没有一个人有罪，否则就是大家都有罪。每个人都可以做任何人的法官，每个人对别人都只能以兄弟相待。因此，在陀思妥耶夫斯基的宇宙里，没有不可改变的堕落者，没有“恶棍”地狱，没有但丁笔下地狱的最底层，从那里，甚至基督也不能把被判的罪犯解救出来。他只知道炼狱，他明白，误入歧途的人都是感情愈来愈热烈的人，而且比傲慢的人、冷漠的人、无可指责的人与真实的人的距离更近。在后者的胸怀之中，人被冻僵成循规蹈矩的良民。他的真实的人物都饱受苦难，因此对苦难都怀有敬畏，从而也就有了人间最后的秘密。受过苦难的人通过同情就成了兄弟。而恐惧对于他的人物都是陌生的，因为他们是只仰视精神的人。他的人物都有卓越的天赋——他曾经称之为典型的俄国人的天赋——不会长期陷于仇恨。因此他们对人世间的一切事都有无限的理解力。他们之间还经常发生争吵，还互相折磨，因为他们都为自己特有的爱而感到羞愧，因为他们对软弱特别屈从，并且还没有想到，这种屈从就是人类最有益的力量。但是他们内心的声音是很了解真实情况的。当他们彼此恶语相加，互相谩骂，形成敌对的时候，他们内心的眼睛早已愉快地，而且互相理解地对视了，他们的嘴唇早已悲痛地亲吻兄弟的嘴唇了。他们身上这种赤裸裸的人、这种永恒的人早已互相认识了，一种这样的兄弟相识、一出得到和解的神秘剧、一曲心灵的美妙颂歌，这就是陀思妥耶夫斯基阴沉作品中的抒情音乐。

现实主义和幻想

对于我来说，有什么能比真实更离奇古怪？

陀思妥耶夫斯基

陀思妥耶夫斯基的人物寻求真实，寻求他有限存在的没有中介的现实。陀思妥耶夫斯基身上的艺术家也在寻求真实，他是个现实主义者，而且始终是个现实主义者——他总是走到表现形态与其反面即对立物变得神秘相似的极端边缘——以至于平常习惯于中等标准眼光的人对这种真实都感到难以置信。他自己说：“我喜爱现实主义，一直喜爱它达到离奇古怪的地步。这是因为对于我来说，有什么能比真实更离奇古怪、更出乎意料和更难以置信呢?”真——人们发现，它在陀思妥耶夫斯基笔下比在其他艺术家笔下更有说服力——不是站在可能性之后，而仿佛是与可能性相对而立。必须经由心理学家的直觉抵达。正如正常人的肉眼还能在一滴水里看到清净透明的反光整体，而显微镜却只看到形态纷繁、麇集一处、乱七八糟的无数滴虫那样，艺术家也是用更高级的现实主义认识到与众所周知的真相比似乎显得荒唐的真。

陀思妥耶夫斯基的激情就是要认识这种更高级的真或者说更深刻的真。它深藏于事物的表层之下，已经接近一切存在的核心。他要用自由和敏锐的眼力真正地认识到人既是一个统一体，同时又是多种多样的。因此，他那幻想和博学的现实主义把显微镜的力量与千里眼的光照强度结合起来了，这就像用一道墙与法国人所说的现实主义和自然主义的东西隔离开了。虽然陀思妥耶夫斯基在自己的分析中比那些自称为“坚定不移的自然主义者”中的任何一个人都更为精确，走得更远（那些人自以为走到了终点，而陀思妥耶夫斯基却超越了他们所有的终点），但是他的心理学却好像是来自创造精神的另一个领域。左拉年代的精确的自然主义直接来自科学。福楼拜在自己头脑的曲颈甑里对巴黎国家图书馆的两千本书进行蒸馏，为的是找出《圣安东的诱惑》或者《萨郎宝》的自然色彩。左拉在写他的长篇小说之前用了三个月的时间像记者那样带着笔记本跑交易所、百货商店和时装商店，为的是描画原型，捕捉事实。对于这些世界级的画家来说，真实是一种冷酷的、可以预见的，而且公开于世的物质内容。他们用清醒的、掂掇分量和扣除皮重的摄影师眼光看待一切事物。他们对事物进行收集、整理、混合和蒸馏。他们是头脑冷静的艺术科学家、生活中的个别人，从事着一种化合与溶解的化学。

与他们相反，陀思妥耶夫斯基的艺术考察过程是与魔性分不开的。如果对于其他那些人来说，科学是艺术，那么他的艺术就是黑色艺术。他不从事实验化学，而是从事真实的炼金术。他不从事天文学，而是从事灵魂的占星学。他不是一个头脑冷静的研究人员。他作为一个急躁的幻觉者，眼睛向下，直愣愣地盯着生活的深处，很像是做了着魔的噩梦。不过他的这些变化、跳跃的幻景比那些人按部就班的考察还要彻底。他不进行搜集，但是他占有一切材料。他不作计算，但是他的数值不容置疑。他用具有透视力的诊断在狂热的病状中抓准深奥难解的病源，而不用去摸脉象。在他的学问中有些见解尖锐的梦幻知识，在他的艺术中有些魔法。只要有一点迹象，他就能像浮士德那样领悟整个世界。只要看上一眼，他便有了印象。他不需要做很多描画，不需要做记详情细节的工作。他用魔法进行描画。我们不妨回想一下这位现实主义者的重要人物形象：拉斯柯里尼科夫、阿廖沙・卡拉马佐夫、费奥多尔・卡拉马佐夫、梅什金等。对这些人，我们在感情上都觉得是具体的。但他在什么地方描写了他们呢？他用一种绘画的速记法，也许在两三行里勾勒出了他们的相貌。关于这些人物，他似乎只讲一句提示语，用四五个朴实的句子简约地写出他们的面容。这就是一切。至于年龄、职业、地位、衣服、头发颜色、面相细部，所有对描写人物看来十分重要的东西，他只用速记法作简要的交代。然而，他的这些人物个个都非常强烈地感染了我们。人们可以把这种魔力现实主义与坚定不移的自然主义者的精确描写作个对比。左拉在开始写作之前要写好他的人物的详细清单。他为每个跨进他的长篇小说门槛的人物撰写一个通缉令、一个通行证（至今人们还可以查阅到这些值得注意的文献）。左拉对每个人物都要进行测量，身高多少厘米一一记录在案。记下此人缺少几颗牙齿，数点清楚他脸上的痣点色斑，还得注明他的胡须是粗壮的还是细柔的，测量他皮肤上的每个丘疹，抚摸他的指甲。左拉知道自己人物的声音与呼吸。他追溯这些人物的血统门第、遗产和债务。为了了解人物的收入，左拉到银行里去查阅他们的户头账目。他测量人物身上从外部得以测量的一切。不过，在这些人物刚刚要活动起来的时候，幻想的统一体便烟消云散了。艺术的马赛克破裂成了千万个碎片，留下来的只是一个粗略印象，而不是一个活生生的人。

那种艺术的错误就在于——自然主义者在长篇小说的开头精确地描写了处于静止状态的人物。这些人物在精神上仿佛都在睡眠之中。因此，这些人物的形象仅仅具有那种死者面型的忠实。人们看到的是个死人，是个不具生命的人物形象。但是，正是在那种自然主义结束的地方，才开始了陀思妥耶夫斯基的极其宏伟的自然主义。他的人物是在冲动中、在激情中、在增强的状态中才变得形象化。当那些自然主义者试图通过身体表现精神的时候，他却是在通过精神塑造身体。只有在他的人物的激情使得面部表情严肃、引人注目，眼睛饱含感情的泪水的时候，只有在市民阶级静止状态的面型——僵化的精神——从他的人物身上脱落下来的时候，人物的目光才变得明亮生动。只有当他的人物充满热烈感情的时候，幻觉者陀思妥耶夫斯基才去工作，塑造他的人物。

因此，在陀思妥耶夫斯基笔下，开始描写的那些含糊不清和隐隐约约的轮廓都是着意安排的，而非出于偶然。人们进入他的长篇小说犹如走进一个昏暗的房间；看得见人物的轮廓，听得见模模糊糊的声音，但是并没有切实感觉到是谁在说话。要到逐渐适应了以后，眼睛才变得明亮起来；这就如同在伦勃朗的油画上，微妙的精神影响开始从深深的昏暗中照射到了人物心里。人物只有在充满激情时，才清清楚楚显现出来。在陀思妥耶夫斯基笔下，人物为了要显现形象，总是首先充满强烈的感情；为了讲话出声，总是神经紧绷，几近断裂。“在他的笔下围绕着一个灵魂才形成了身体，围绕着一种激情才形成了景象。”只有当人物被激发起来，进入开始值得注意的狂热状态的时候——陀思妥耶夫斯基所有的人物都处于变化中的狂热状态——他的魔力现实主义才开始，他才开始对人物细部进行令人着迷的追踪，他才悄悄跟随最细微的活动，挖掘微笑，爬进混乱感情蜿蜒曲折的狐狸洞里，追寻他们思想的每一个脚印，一直追进无意识的阴曹地府。于是每一个活动都形象地呈现了出来，每一个思想都变得水晶一般清晰明亮。被追寻的感情愈是陷入戏剧性中，他们内心的感情就愈是热烈，他们的本质也就愈是显而易见。在陀思妥耶夫斯基笔下，恰恰是那些最无法理解的，才最属于彼岸天国的情况。病态的、催眠的、极度兴奋的以及癫痫病的情况，在陀思妥耶夫斯基笔下具有一种临床诊断般的精确性，具有几何图形的清晰轮廓。此外，连细微的差别也不显得模糊。最小的颤动也逃不过他的灵敏度增强的感官。正是在其他艺术家一筹莫展，仿佛被超自然的强光照得眼花缭乱而把目光转移开的地方，陀思妥耶夫斯基的现实主义显得最为清晰。人物达到自己能力最大限度的瞬间，知识几乎变成神经错乱的瞬间，激情冲动变成罪恶行径的瞬间，这也全都正是他作品中最令人难忘的幻象。如果我们把拉斯柯里尼科夫的形象召唤到我们的思想里来，那么，我们就会看到他不是在大街上或者房间里逍遥散步的形象，不是一个二十五岁的青年医科学生，不是具有这种或那种外部特征的人物，在我们心里出现的是他那发狂激情的戏剧性幻象：像他那样用颤抖的双手擦去额头上的冷汗，仿佛闭着眼睛悄悄走上了他实施凶杀的那座房子的楼梯，进入不可思议的神志昏迷状态，又一次感性地享受到他拉动被害者门上马口铁门铃的痛苦。我们还看到在审讯炼狱中的迪米特里·卡拉马佐夫。他勃然大怒，异常激动，用发狂的拳头像擂鼓似的敲击桌子。在陀思妥耶夫斯基笔下，我们总是在人物最激动的情况下，在人物感情的终点，才看到人物形象生动起来。正如列奥那多·达·芬奇在其了不起的漫画中把普通正常的身体形态画成奇形怪状即肉体的不正常现象一样，陀思妥耶夫斯基也是在感情洋溢的瞬间里，仿佛是在人物达到能力最大限度的边缘、往前弯身的几秒钟里捕捉住了他的人物。他对中间状态，如同对一切平均、一切和谐那样，是厌恶的。只有异乎寻常的事情、不可见的东西、着魔的东西，才能引发他走向极端现实主义的艺术激情。他在艺术史上是最无与伦比的异常人物的雕塑家，是容易激动的感情和病态的感情的最伟大的解剖学家。

陀思妥耶夫斯基用来进入他的人物内心深处的工具，那种颇为神秘的工具，就是言语。歌德通过目光描写一切。瓦格纳极其精辟地讲出了歌德与陀思妥耶夫斯基的区别：歌德是眼睛人，而陀思妥耶夫斯基是耳朵人。为了让我们觉得他的人物是看得见的，他必须首先听到他的人物说话，让他的人物说话。梅列日科夫斯基[①]在对两位俄国叙事文学家所作的天才分析中表述得十分透彻：在托尔斯泰笔下，我们有所闻是因我们有所见；在陀思妥耶夫斯基笔下，我们有所见是因为我们有所闻。陀思妥耶夫斯基的人物只要还没有讲话，就是阴影和幽灵。言语才是促进人物思想的滋润露水。人物在谈话中如同神奇的鲜花一样，他们展开自己的内心，显示他们的颜色，露出高产的花粉。他们在讨论中激烈争吵，他们从思想睡眠中觉醒起来。我已经说过，陀思妥耶夫斯基的艺术激情就是面向这些充满热情的人物。他引诱他们讲出肺腑之言，为的是理解他们的肺腑本身。陀思妥耶夫斯基笔下那种对详情细节不可思议的心理学敏锐视觉归根结底就是一种罕见的灵敏听觉。世界文学中没有比陀思

① 梅列日科夫斯基（1865—1941），俄国诗人、批评家，著有《托尔斯泰与陀思妥耶夫斯基》。

妥耶夫斯基的人物讲话更加完善生动的形象。词序具有象征意义，语言教养具有特色，没有什么是出于偶然的，甚至每个不连贯的音节，每个跳开的重音，都是必不可少的。每个停顿、每处重复、每次吸气、每次结结巴巴说话都很重要。人们总是在他们所讲的话中听到受压制的弦外之音。从陀思妥耶夫斯基笔下的谈话中，人们不仅知道每个人物讲了些什么，想要讲的是什么，而且还可知道他隐而不谈的是什么。这种思想听觉的天才现实主义完完全全进入了极其神秘的言语状态，进入了胡言乱语那泥泞沼泽断续相连的原野，进入了受到刺激后癫痫发作中气喘吁吁的极度兴奋，进入了谎言纷繁的荆棘丛林。从激昂慷慨的讲话中产生思想，从思想中逐渐结晶成为身体。在陀思妥耶夫斯基笔下，人们会目光犀利地看到他的人物，忽而又听得见这些人物在说话。陀思妥耶夫斯基可以省去对人物作图解式的描述，因为我们在人物谈话的催眠术中已经成了产生幻觉的人。我想举一个例子。在《白痴》中，老将军，即病态的撒谎者，走到梅什金公爵身边，对他讲述自己的回忆。一开头他就撒谎，愈来愈深，便滑进了自己的谎言中，并且是完全陷了进去。他说呀，说呀，说呀。他的谎话连篇累牍，滔滔不绝。

陀思妥耶夫斯基没有用一行字表明自己的态度。然而从他的言语中，从他踉踉跄跄的走路中，从他吞吞吐吐的欲言又止中，从他神经质的忙乱中，我感觉到，他是如何走到梅什金身旁的，他是如何牵惹起纠纷的。我还看到，他是如何抬头仰望，从侧面小心翼翼地端详公爵，看对方是否怀疑他。我还看到他是如何停顿下来，希望公爵打断他讲话。我也看到，他的额头上怎样冒出豆粒大的汗珠，他原来欢欣鼓舞的面孔现在如何愈来愈甚地恐惧痉挛起来。我也看到，他是怎样弯曲身子慢慢行走，就像担心会挨打的狗一样。我还看到，公爵内心感受到了撒谎者的全部辛劳，便制止了说话。在陀思妥耶夫斯基笔下的什么地方有这样一段描写？什么地方也没有。虽然没有在具体的段落中这样描写，但是我却在他的面容上看清了每道皱纹。幻觉者的奥秘就在讲话中，在言语里，在音节的顺序里。这种描述的艺术是非常奇妙的，以至于译成外国语所不可避免的浓缩也不会妨碍他的人物的整个心灵的颤动。在陀思妥耶夫斯基笔下，人物的全部性格都在讲话的节奏中。他天才的直觉经常把性格成功地压缩在一个极小的细节里，几乎只用一个音节便可。当费奥多尔·卡拉马佐夫在给格露莘卡的信封上、在她的名字后边写出“我的雏鸡”的时候，人们就认清了这个老放荡鬼的面目，就看到了他残缺不全的牙齿。唾沫就从这排牙齿缝里喷流到他微露笑容的嘴唇上。还有，当《死屋手记》里的性虐待狂少校在进行棒打时高喊“狠——揍！”“狠——揍！”的时候，这个短小的符号“——”里就有少校的全部性格：一副暴躁的形象，一种贪得无厌的喘息，一双闪烁不定的眼睛，一张涨得通红的面孔，还有罪恶乐趣引起的气喘。在陀思妥耶夫斯基笔下，这种细小的现实主义细节就像是尖利的钓鱼钩一样扎进了感情里，并且在毫无抗拒的情况下把感情带进陌生的经历中。这些细节就是他最精致的艺术手段，同时也是直觉现实主义对节目单式的自然主义的最高胜利。但是陀思妥耶夫斯基丝毫没有浪费他的这些细节。别人要用一百个细节的地方，他只使用一个细节，然而他是用一种充满快感的精心安排节省了最后这些微小的、残忍的真实细节。然后在人们最意想不到的极度激奋的时刻，他令人惊骇地使用那些情节。他总是用无情的手把一滴滴胆汁——人间世情——斟入极度兴奋的高脚杯中。这是因为，对于他来说，现实和真实就有反浪漫主义和反感伤的作用。他想让我们享受分裂，就像他对分裂的感受那样。他还想让这里没有和谐，没有均衡。在他所有的作品中，在他用凶恶的细节炸开庄严的瞬间，在他用陈腐言词冷笑着对待生活中最神圣的东西的地方，总是有这种尖锐的内心矛盾。为了使这种对比的瞬间显而易见，我回想起了《白痴》的悲剧。罗果仁杀害了娜斯塔西娅·菲里波芙娜，去找知心朋友梅什金。他在大街上找到了梅什金。他用手抚摸他，他们无须相互倾诉，糟糕的猜想已经预知了一切。他们横越大街，走进被害者陈尸的家里。他们心中升起伟大和庄严的预感，所有星体轰然齐鸣。这两个生活中的敌人、感情中的兄弟，迈步走进了被害者的房间。娜斯塔西娅·菲里波芙娜毫无生气地躺着。我们感觉到，这两个人物面对面站在使他们产生不和的女人尸体旁边的时候，要做最后的交谈了。然后谈话就开始了。于是整个天空都被赤裸裸的、残忍的、魔鬼似的就事论事撕裂开了。他们首先谈论和唯一谈论的是，尸体会不会发出臭味。罗果仁尖刻地就事论事说，他买了“上好的美国亚麻平纹蜡布”，而且已经“往布上洒了四小瓶消毒药水”。

这样的细节就是我所说的，陀思妥耶夫斯基笔下虐待狂的细节、凶恶的细节，因为在这里现实主义远不只是一个技术窍门，还是一种形而上学的报复，是神秘莫测的情欲的暴发，是一种失望的冷嘲热讽。“四小瓶”！这是数字的精确性。“美国亚麻平纹蜡布”！这是可怕的细节严密性。这些就是对精神和谐的蓄意破坏，是对感情统一的严重造反。他故意（他是一个反浪漫主义者，就像他是一个反感伤主义者一样）把他的小说舞台安置在陈腐平庸中间。肮脏的地下室酒店散发出啤酒和烧酒的气味。昏暗而又狭窄的“棺材”房间都只用一层木板隔开。根本没有沙龙，没有旅馆，没有写字间。所以他的人物在外表上都预定“没有吸引力”，如痨病妇女、衣衫褴褛的大学生、无所事事者、挥霍浪费者、游手好闲者，从来没有社会名流。然而他就是把最重大的时代悲剧布置在昏昏沉沉的日常琐事中的，崇高形象奇妙地从不幸中升腾而出。在他笔下最异乎寻常的莫过于外表清醒与精神醉态之间的反差，空间的贫瘠与内心的浪费之间的反差。一群酩酊大醉的人在烧酒店里宣布第三帝国的再现。他的圣徒阿廖沙怀里坐着一个妓女，却在讲述内容深刻的传说，行善和宣传福音的使徒都产生于青楼和赌窟。拉斯柯里尼科夫最庄严的一场戏，凶手跪倒在地，匍匐在全人类的苦难面前，却发生在口吃裁缝迦百农莫夫家中一个妓女的房间的角落里。

这是不间断的交流电：寒冷或者温暖，温暖或者寒冷，但从来不是微温。这完全符合启示录的含义。他的激情就这样充满了他的生活，他把激发起来的感情从焦虑不安投向焦虑不安。因此，在陀思妥耶夫斯基的长篇小说中，人们从来得不到休息，从来进入不了柔和的音乐般的读书节奏。他从来不让人平静地呼吸，人们总是像受到电击一样心神不安地痉挛，而且一页比一页更强烈，令人更焦躁、更惶恐，也更想知道下文。只要我们还处在他富有诗意的威力之内，我们就会变得和他相似。正如在他本人这个永久的二元论者、这个在分裂的十字架上饱受折磨的人身上一样，也正如在他的那些人物身上一样，陀思妥耶夫斯基也在读者的身上炸毁了感情的统一。

然而，问题必须得到回答。尽管真实如此魔法般地完美，为什么陀思妥耶夫斯基的作品，这一切作品中最有人间性的作品，却对我们产生了非人间性的影响？他的作品诚然是作为一个世界影响着我们，但却像是在我们的世界旁边或者之上的世界，为什么不是我们的世界本身呢？为什么我们内心有极为深沉的感情，却对这些感情感到惊讶呢？为什么在他所有的长篇小说里都点亮着如同艺术之光的东西？为什么小说中的空间是像幻觉和梦境？为什么我们觉得他这位极端的现实主义者愈来愈像是一个梦游病患者，而不是现实的描述者？为什么尽管书中有种种激昂慷慨，甚至有过分的偏激，却没有温暖的阳光，倒是有些血红色并且光芒耀眼的北极光呢？为什么我们觉得这些对生活最真实的描述却不像生活本身，尤其不像我们自己的生活呢？

我现在试为答之。比较级的最高标准对于陀思妥耶夫斯基来说仍嫌太低。他的作品能够被评为世界文学中最卓越之作、最不朽之作。对于我来说，卡拉马佐夫的悲剧丝毫不逊于《俄瑞斯忒斯》错综复杂的情节，不逊于荷马史诗，不逊于歌德作品的宏伟规模。所有这些作品与陀思妥耶夫斯基的作品相比，甚至还都比较单纯，比较质朴，知识领域比较小，也更少孕育着未来。但是无论如何，这些作品都比较温和，比较亲切，都提供了对感情的拯救，而陀思妥耶夫斯基的作品只提供了对感情的悟解能力。我相信，这些作品具有人性，但不是非常具有人性，这要归功于作品的这种缓和。这些作品周围都有一个光华灿烂的天空、一个世界，作为庄严的背景，都有草原和田野的气息，都有使饱受惊吓的感情能得到舒缓和解放的满天星空。荷马史诗在激烈的战斗中间，在人对人进行最残酷的杀戮中间，还有几行描述。于是人们就呼吸到了带咸味的海风，希腊的银色光辉也照耀在战地的上空，感情也很喜悦地发觉人与人之间相互厮杀的战斗与永恒相比不过是渺小而微不足道的幻想。于是人们就松了一口气，从人性的沮丧中被解救了出来。浮士德也有他的复活节，他把自己的痛苦挥洒到支离破碎的大自然里，把他的欢乐投进春天的世界里。但是陀思妥耶夫斯基缺少舒缓，缺少风景。他的宇宙不是这个世界，而只是那么一个人。此人对于音乐是耳聋的，对于形象是眼盲的，对于风景是表情麻木的。他以惊人的冷漠态度对待自然和艺术，以此为代价，他得到了关于人的无与伦比、深奥莫测的知识。但只关注人性也有模糊不足之处。他的上帝只居于灵魂之中，而不是也居于万物之中。他缺少那种宝贵的，使得德语作品、希腊作品那样愉快和自由的泛神论种子。陀思妥耶夫斯基的作品的情节都发生在不通风的房间里、煤烟如雾的街道上、有霉臭味的小酒馆里。那里边都有一种沉闷的、人性的，甚至过分人性的气氛。从九天降下的狂飙和年深月久的坍塌倒落都没能把这里边的空气搅动得清净起来。人们不妨回忆一下他的各部重要作品，回忆一下《罪与罚》、《白痴》、《卡拉马佐夫兄弟》、《少年》的故事情节都发生在什么季节，都发生在什么地方。是在夏天、春天，还是在秋天？也许在什么地方说到过季节，但是人们感觉不出来。人们呼吸到了气息，品尝到了滋味，但觉察不到踪迹。故事的情节全都发生在悟解力闪电骤然照亮的内心昏暗不清的某个地方，发生在头脑的真空的空腔里，没有星辰和鲜花，只有平静和沉默。大城市的烟雾使得他们灵魂的天空昏暗起来。当他把目光从他自身和他的苦难转开并投向没有感觉、没有激情的世界时，他的作品缺少拯救人性的休憩所，缺乏那种幸福愉快的缓解，缺乏对人最好的缓解。陀思妥耶夫斯基书中的虚无缥缈之处在于：他的人物都好像是从苦难的、黑暗的、模糊不清的墙上走下来的，都不是自由的，也不是清醒地处在真实的世界中，而是完全还处于感情的无限境界中。他的领域是灵魂世界，而不是大自然，他的世界就是人性。

尽管每个具体的人物都具有惊人的真实性，尽管他们人性的逻辑结构是无懈可击的，他们的人性就整体而言，在某种意义上也是不真实的，如同梦境中的某些形象附着到了他的人物身上。这些人物走在无限的空间里，犹如幽灵的步态。但是这并不是说他的人物都是瞎编杜撰的。恰恰相反，他的人物都是超真实的，这是因为陀思妥耶夫斯基的心理学是一种没有缺陷的心理学。然而他的人物让人看起来和感觉到不是形象化的，而是崇高的。其原因是，他的人物是用感情而不是肉体塑造的，对于陀思妥耶夫斯基的所有人物我们都只能看作是正在变化的和已经变化过的感情，看作由神经和感情组成的生物。对于他们，人们几乎会忘记，他们的肌肉里也流动着血液。人们几乎从不在身体上触及他的人物。在他两万页的著作中，他从来没有描写过他的某个人物坐着，在吃饭，在饮酒，而总是描写他的人物在感受，在说话，或者在斗争。他的人物不睡觉（除非是在做遥视千里的梦）。他们也不休息，他们总是非常激动，总是在苦苦思索。他们绝不是闲混度日的、植物性的、动物性的、麻木不仁的。他们永远是不平静的、激动的、紧张的，而又永远，永远是清醒的。他们都是清醒的，甚至是极其清醒的。他们永远处于自己存在的最高级形式中，都具有陀思妥耶夫斯基对感情的概括理解力。他们都是千里眼、心灵感应者、幻觉者。他们都是深奥莫测的人物，而且一直到他们本性的最深层都充满着心理学。大多数人物——我们只需稍微回忆一下——都处于普通的生活中、平庸的生活中。他们都只有人世间的理智，因此不能相互理解，也因此处于彼此的冲突中，处于和命运的冲突中。人类的另一位伟大心理学家把他的一半悲剧都建筑在这种天生的无知上，建筑在作为灾难、作为冲突起因横亘于人与人之间的黑暗的基础上。李尔王不信任他的女儿，是因为他没有想到女儿的高尚，没想到当时还隐藏于害羞中的情感的伟大。奥赛罗把埃古看做自己的提示者。恺撒喜爱杀害他的凶手布鲁图斯。他们全都沉迷于人间世界的真正本性——幻觉。在莎士比亚笔下，如同在现实生活中一样，误解，这种人世间的欠缺，就成了有繁殖力的悲剧性力量，就成了一切纠纷的根源。但是陀思妥耶夫斯基的人物，这些超级博学者都不知误解为何物。他们每个人都像先知一样猜测另外一个人，他们彼此都彻底了解。他们能互相从对方嘴里吸出来要讲的话，还能从感觉的子宫里吸出对方的思想。无意识、潜意识，在他们身上发展得太充分了。他们全是预言家，是有预感的人和产生幻觉的人。陀思妥耶夫斯基把他对存在和知识独特而神秘的研究都加到了他们身上。为了说得清楚一些，我想举一个例子。娜斯塔西娅·菲里波芙娜是被罗果仁杀死的。她从看到罗果仁的第一天起就知道会这样。在她属于他的每一个小时里，她都知道，他将来要杀死她。她从他面前逃开是因为她知道他要杀害她，而她又跑了回来则是因为她渴望自己的命运。她甚至在事前几个月就预先知道了罗果仁要用来刺穿她胸膛的那把刀子。罗果仁知道会是这样，他也知道那把刀子，梅什金同样知道。有一次在谈话中他偶然看到罗果仁在玩弄那把刀子，他的嘴唇便颤动了起来。同样在费奥多尔·卡拉马佐夫的谋杀中，所有的人也都预先意识到了这个不理智的事件。佐西马长老由于揣测到这个罪行而跪在地上，甚至爱讽刺人的拉基廷也说到了罪行的预兆。阿廖沙在告别时吻父亲的肩膀，他预感到再也见不到父亲了。伊万乘车前往切尔马什尼亚，为的就是不当罪行的见证人。邋遢鬼斯乜尔加科夫微笑着预告了这件事。大家，也就是人人，都知道这个罪行。从过多的预言的悟解力中大家还知道了日期、时刻和地点。他们都是预言家、悟解者、洞察一切的人。

在这里人们又在心理学中认识到了那种艺术家关于一切真实的双重性。虽然陀思妥耶夫斯基对人的认识比他以前的任何人都更为深刻，但是莎士比亚作为人性的专家还是凌驾于他之上。莎士比亚认识到了存在的复杂性。他把普通的事情、无关紧要的事情与宏伟重大的事情杂然并陈，而陀思妥耶夫斯基则是分别把每一种事件提升到无限的领域。莎士比亚在肉体上认识世界，陀思妥耶夫斯基则是在精神上认识世界。陀思妥耶夫斯基的世界也许是对世界最完美的幻觉，是关于感情预言式的深刻梦想，是超越现实的梦想。但是，这种现实主义超越自身达到离奇古怪的程度。陀思妥耶夫斯基这位超现实主义者，这位跨越一切限度的人，他不是对现实进行描述，而是把它提升到超出它自身的高度。

因此，他的艺术中的世界是从内部，也就是完全用感情塑造的。从内部制约，从内部解救，这样一种艺术，这样一种一切艺术中最深刻、最有人性的艺术，不管是在俄国还是在世界上别的什么地方的文学中，都前无古人。这种作品只是在远方才有兄弟。痉挛和困境，这些在极其强大的命运钩爪下蜷缩的人身上的过度痛苦，有时使人想到古希腊悲剧作家；那种神秘的、岩石般冷漠的、无法解除的灵魂的悲哀，有时又让人想起米开朗琪罗。然而陀思妥耶夫斯基在历朝历代中的真正兄弟是伦勃朗。他们二人都来自艰难、匮乏、被轻蔑和被摈斥的尘世生活，都被金钱的奴仆用鞭子赶进了人类生存的最底层。他们二人都了解对比的创造性意义，都了解黑暗与光明的永久斗争，也都了解没有什么美比从平凡实际的生存中所获得的圣洁思想之美更为深刻。正如陀思妥耶夫斯基用俄国的农民、罪犯和赌徒塑造了他的圣徒那样，伦勃朗也是用港口街巷的原型人物塑造了他的《圣经》人物形象。他们二人都认为，任何神奇而清新的美都隐藏于最低级的生活形态中。他们二人都在人群的渣滓中找到了他们的基督，都知道人世间各种力量永恒的竞赛和对立，都知道光明与黑暗的竞赛和对立在生气勃勃、富有情感的人身上同样具有强大的支配作用。无论在什么地方，一切光明都采自生活最幽深的黑暗之中。人们愈是能洞悉伦勃朗的画与陀思妥耶夫斯基的书的堂奥，就愈能看到世俗形态和精神形态的最后秘密：普遍的人性，正袒露出来。

建筑艺术和激情

爱好尚浅的人爱好标准。

拉·波埃西

“你干什么都要到狂热的地步。”娜斯塔西娅·菲里波芙娜的这句话适用于陀思妥耶夫斯基的所有人物，尤其是适用于陀思妥耶夫斯基本人。这位强者充满激情地迎向种种生活际遇，因此他也更充满激情地迎向他最强烈的爱好：艺术。不言而喻，他的创作过程，他的艺术劳动，不是那种平静的、条理分明的、组装式的、冷静计算的建筑构造学的劳动。陀思妥耶夫斯基狂热地写作，就像他狂热地思考，狂热地生活那样。他的手在纸上奋笔疾书，写出一串串珍珠似的流畅小字（他写的是易动感情的人的焦躁速写字体）。他的脉搏在加倍沉重地跳动着。

他觉得创作是极度兴奋，是痛苦，是陶醉和震惊，是一种增强为痛苦的快感，是一种增强为快感的痛苦。这位二十二岁的青年“含着眼泪”写出了他的第一部作品《穷人》。从此以后每出版一部作品就是他的一次危机、一场疾病。“我烦躁地工作，忍受着痛苦和忧虑。如果我紧张地工作，我的身体也会病倒的。”实际上他那神秘的疾病——癫痫症——已经以紧张激动的节奏和模糊迟钝的克制渗入了他作品最细小的震颤中。陀思妥耶夫斯基总是用他的全部本性在歇斯底里的狂怒中进行创作。甚至作品中如记者文章之类看来无关宏旨的琐细部分，也都是在他的激情锻冶场里熔化和浇铸的。他从来不使用手腕和技巧，他总是把全身的激动聚集到事件里，一直到他生命最后的神经都在他的人物身上感受到痛苦而且产生了同情。他所有的作品都好像是狂风怒吼，雷霆大作，因强大的大气压力冲出来而产生的爆炸。没有内心的参与，陀思妥耶夫斯基就不能塑造人物。评论司汤达的名言也适用于他："当他没有激情的时候，他是没有智慧的。"当陀思妥耶夫斯基没有激情的时候，他就不是作家。

但是艺术中的激情，在它成为塑造的因素的时候，也就成了破坏的因素。它创造各种力量的混乱，清醒的精神才能从混乱中拯救出永恒的表现形式。一切艺术都需要把焦虑不安作为塑造形象的推动力，但也同样需要从容审慎的安静，仔细权衡，以求完善。陀思妥耶夫斯基强有力的、金刚石般钻入现实的精神很了解笼罩伟大艺术品的那种大理石似的、铁一般的冷静。他喜爱、崇拜伟大的建筑学。他作过大量宏伟壮丽的设计，设计过庄严的世界图像的规则。但是激情总是不断淹没建筑的基础。陀思妥耶夫斯基试图成为一个客观创作、置身局外、单纯讲述和塑造人物的艺术家，成为一个叙事文学作家、事件报告人、感情分析家，但是徒劳无功。他的激情在悲伤和同情中总是不容抗拒地把他拉进自己的世界中。在陀思妥耶夫斯基完成的作品中，开头总是有些混乱，达不到和谐。（他最秘密思想的泄露者伊万·卡拉马佐夫就这样呼喊：“我憎恶和谐。”）在表现形式和意志之间也不是太平无事的，也不是均衡的，而是——噢，他那永恒二元论的本性渗透到了一切表现形式里，从冰冷的外壳一直到火热的核心——在外部与内部之间不间断地进行着各种斗争。他这种永恒二元论的本性在他史诗般的作品中就表现为建筑学与激情之间的斗争。

陀思妥耶夫斯基在他被专家们称为“叙事报告”的长篇小说中，从未获得过那种从荷马到戈特弗里德·凯勒和托尔斯泰等先辈大师历代相传下来的，把动荡不安的事件压制进平静描述中的重大秘密。他总是满怀激情地建造他的世界，因此，人们也只有满怀激情，只有激动不安，才能够欣赏他的世界。人们亲自体验他的人物的危机，就如同生了一场病，这些人物提出的问题点燃我们内心的激情。他把我们所有的感官都浸泡在他那种焦躁渴望的气氛中。他把我们推到感情深渊的边缘。我们站在那个地方，大口喘气，头晕目眩，呼吸时断时续。只有当我们的脉搏像他的脉搏那样急跳的时候，只有当我们陷入着魔的激情中的时候，只有在他的作品完全属于我们的时候，我们才完全属于他。

不可否认、无可讳言、无须美化的是，陀思妥耶夫斯基与读者的关系，既不是友好的关系，也不是愉快的关系，而是处于一种充满危险本能、残酷本能和性欲本能的分裂状态。这是一种如同男女之间充满激情的关系，而不像在其他作家那里，是一种友谊和信赖关系。狄更斯或戈特弗里德·凯勒，他的同代人都以温情的劝说，都以音乐一般的引诱力把读者领进他们的世界。他们都亲切地和读者闲聊着讲到事件上去。而他这个满怀激情的人想要的是我们所有的一切，而不只是我们的好奇心和兴趣。他渴求我们的全部感情，甚至我们的肉体。他首先给内部的大气充电，很巧妙地提高我们的敏感性。于是一种催眠状态——我们的意志丧失在他的充满激情的意志中——便开始了。他像巫师一样念念有词，而且没完没了，失去控制。他用漫无边际的谈话裹住思想内容，他用秘密和暗示引诱参与，直到我们深深地往内部走去。他不能容忍我们过早地沉溺进去，他在快感的体验中延长准备工作的折磨。焦躁不安开始在人们心中悄悄沸腾起来。但是他还一再推出新的人物，展示新的景象，延迟对事件的深入认识。这位博学、淫荡的性爱之徒，他用恶魔一般的意志力抑制我们的全心投入，进而提高内在的压力，增强气氛的刺激。（在人们知道拉斯柯里尼科夫所有那些不理智的精神状态都是为谋杀所作的准备之前，它在拉斯柯里尼科夫身上已经持续了多么久呀！不过人们早已预感到了可怕的事件。）陀思妥耶夫斯基的性欲快感热衷于对延缓所作的精心安排，这种快感如针刺过的痕迹一样，使得感受者的皮肤发痒。陀思妥耶夫斯基在重大的事件之前，残酷地放慢速度，还连篇累牍地大讲深奥难解和着魔似的无聊的话，直到他在敏感的人身上（其他人对这类事情毫无感觉）引起思想的狂热，引起身体的痛苦为止。然后在灼热的胸膛大锅里感情沸腾起来、快要迸飞到四面墙壁上的时候，他才用铁锤敲击那个人的心，于是那极其精确的几秒钟便颤抖着降临了，这时解脱就像闪电一样，从他作品的天空里降落到我们内心的深处。直至精神紧张到无法忍受的时候，陀思妥耶夫斯基才撕破叙事的秘密，把紧张得快要断裂的感情溶解到柔和的、涨潮般涌起的、泪流满面的感受中。

陀思妥耶夫斯基就是如此敌意地，如此情欲放浪地，如此狡黠而且充满激情地摆弄和掌握着他的读者。他不是在厮打搏斗中制伏读者，而是像一个凶手，一连几个小时围着他的受害者盘旋行走，然后在刹那间刺穿受害者的心脏。他的技艺是一种爆发性的技艺：他不零敲碎打，一锹接一锹地在马路上工作，而是用体积很小的集束力量，从内部炸开这个世界，炸开获救的胸膛。他的准备工作完全是在地下进行的，这就像是一场密谋策划，就像是给读者的一次闪电式的惊骇。人们虽然有所觉察，但是并不知道正在走向一场灾难，不知道他要在哪些人中间埋下矿井坑道的支柱，他要从哪个方向挖掘，他要在什么时候进行可怕的爆破。矿井构造使得每一个人都通向事件的中心点，每一个人都背负着激情的引爆材料。但是谁来点燃引爆点呢？（例如，在那么多内心中了思想的毒的人中，费奥多尔·卡拉马佐夫要杀害谁呢？）这一点用前所未闻的技艺一直隐藏到了最后一刻。这是因为什么事情都让人去猜想的陀思妥耶夫斯基丝毫没有泄露他的秘密。人们总是感觉到命运好似一只正在生活的地面下边打洞的鼹鼠。人们还感觉到，矿井移到了贴近我们心脏的地方，于是便失去了知觉，便在没完没了的紧张心情中忍受煎熬，直到像闪电一样骤然划破抑郁沉闷的紧张气氛的那几秒钟为止。

为了这短暂的几秒钟，为了把情况作前所未有的集中，叙事文学作家陀思妥耶夫斯基需要一种迄今都没听说过的描述重量和描述广度。只有宏伟壮观的艺术，只有那种具有原始世界雄浑气魄和神秘重量的艺术，才能使感情如此紧张，情况如此集中。在这里，广度不是指喋喋不休地讲废话，而是指建筑艺术。正如金字塔的尖顶需要庞大的基础，陀思妥耶夫斯基为了写出巅峰顶点，也必须使他的长篇小说有巨大的规模。果不其然，他的长篇小说就像他祖国的伟大河流伏尔加河和第聂伯河那样，波涛澎湃，滚滚而来。它们奔腾咆哮，把一切都裹挟进来；波涛徐缓翻滚，卷带着惊人丰富的生活内容。在成千上万页的书里边，河流偶尔也泛滥到艺术人物形象的河岸外边，也冲刷很多政治卵石和论战石块。有时候灵感减弱了，河流便也有宽阔的沙滩。现在河床显得干涸了。重大事件在不畅的水流中蜿蜒迂回，艰难地继续前进。滔滔洪流在交谈的沙滩上滞留几个小时，直到重新找到自己的深度和激情的推动力为止。

但是随后接近大海了，在平铺直叙的讲述聚结成旋涡的地方，河流突然出现了一些湍急之处。在这里书页仿佛在飞，河水流速快得惊人，就像是离弦之箭，把人们的思想带进感情的深渊。现在人们感觉到临近深渊，瀑布传来了隆隆的雷声。那整个宽大沉重的河水，突然间有了奔腾咆哮的速度。正如故事的洪流仿佛受到瀑布的磁性吸引而在净化感情的导泄口聚集起泡沫那样，我们自己也不由自主地加快了翻动书页的速度，然后便突然跌进事件的深渊，仿佛感情已经崩溃。

在生活的庞大总数仿佛被压进一个数字的地方，这样的感情，这样极端集中的感情，既饱含痛苦，也令人头晕目眩。他自己曾经把这种感情称为“高塔感受”——也就是神圣的精神错乱，是在深渊上弯腰向下看，是在预感中享受致命摔倒的幸福。这种既生机勃勃又意识到死亡的极端感受，始终就是陀思妥耶夫斯基叙事文学宏伟的金字塔上人们看不见的尖顶。也许他所有的长篇小说都是为了这个感受白热化的瞬间而写的。陀思妥耶夫斯基创造了大约二十至三十个这样宏伟壮观的章节。在这些章节里，激情凝聚成一团，无比的猛烈，以至于它不是在人们初读的时候——因为它仿佛在袭击一个无力抗拒的人——而是要到第四次或第五次复读的时候，才会像喷射火焰一样照亮人心。在这样的时刻，全书的人物总是会突然聚集在一个房间里，而且都是处于自己极其固执的紧张状态中。所有的街道，所有的河流，所有的力量，都神奇地汇聚到一起，都溶解到一个唯一的姿态、一种唯一的神情、一句唯一的话语中。我想起了《群魔》里的一个场景：沙托夫的巴掌以“干脆的拍击”破开了秘密的蜘蛛网，就像《白痴》中娜斯塔西娅·菲里波芙娜把十万卢布投到火中的景象，或者像我想到的《罪与罚》和《卡拉马佐夫兄弟》里边供认的场面。建筑艺术和强烈激情就是在他的艺术的这种最高级的、不再是材料的基本时刻毫无保留地结合在一起了。陀思妥耶夫斯基只有在极度兴奋的时候是个统一的人，只有在这样短暂的时间里是个卓越的艺术家。但是从纯粹艺术上看，这些场景都是艺术战胜人物的无与伦比的胜利。这是因为，人们只有在反复阅读时才感觉到，使条条攀登道路达到这个顶点需要多么天才的计算；而且这么庞大的方程式，这么一个上千位数互相交叉的方程式怎么转眼之间化成了最小的数字，化成了最后完完全全的感情单位：极度兴奋。陀思妥耶夫斯基把所有的长篇小说都修建成了这样的尖顶。这些尖顶聚集了全部带电的感情大气，并能以准确无误的可靠性把命运的闪电吸收进来。这就是陀思妥耶夫斯基最大的艺术秘密。

还必须特别说明这种独特的、在陀思妥耶夫斯基之前没有人拥有而且兴许在将来也不会有人在同样程度上拥有的艺术表现形式的根源吗？还必须说明，全部生命力在绝无仅有的瞬间里的这种抽搐不过是他自己的生命、他那着魔的病症转化成艺术的明显表现形态吗？还没有一个艺术家的苦难比这种癫痫病的艺术转化更富有成果，因为在陀思妥耶夫斯基之前的艺术中，还没有出现过把丰富多彩的生活类似地集中到极其狭小的时间范围和空间范围里。他站在谢苗诺夫斯基广场上，眯缝着眼睛，在那两分钟里他又从头经历了一遍自己过去的全部生活。每次癫痫病发作，他就在摇摇晃晃地踉跄而行和从椅子上结结实实摔倒在地板上之间的时刻里幻游人世各个领域。只有他才能够把一个充满重大事件的宇宙填塞进一个核桃壳的时间里。只有他才能够在爆发的短暂时间里强制地把看来不可能的事情变成现实，以致我们都没能觉察到这种征服空间和时间的能力。他的作品都是真正的集中奇迹。

我想起来一个例子。请读一读长达五百多页的《白痴》第一卷吧。命运的暴动发生了，灵魂的混乱飞起来了，大多数人的内心活跃起来了。我们和他们一起逛游大街，和他们一起坐在家里。在偶然的思考中，我们会突然发现，这各种各样的庞杂事件都发生在从上午到半夜勉勉强强十二个小时的过程里。卡拉马佐夫兄弟的幻想世界也集中在仅仅两三天之内，拉斯柯里尼科夫的幻想世界则集中在一个星期里。这是简练的杰作，是叙事文学作家从来没有达到过的，甚至在实际生活中也很少出现。大概只有把整整一生和过去几代人的生活集中在从中午到晚上的短暂期限内的古典悲剧《俄狄浦斯》了解这种从高峰跌入深渊的迅猛摔倒，而且也了解感情暴风雨的这种净化力量。没有什么叙事文学作品能和这种艺术相比。因此，在重要的时刻，陀思妥耶夫斯基总是作为悲剧作家发挥作用，他的长篇小说仿佛就是包裹好的变化的戏剧。归根结底地说，卡拉马佐夫兄弟的精神具有古代希腊悲剧的精神，肉体则具有莎士比亚戏剧的肉体。这位命运悲剧天空下的巨人赤裸裸地站在他们之中，没有抵抗之力，显得十分渺小。

令人奇怪的是，在主人公充满激情地摔倒在地的时候，陀思妥耶夫斯基的长篇小说就突然丧失了叙事的特征。薄薄的叙事文学外壳在感情的高温中熔化了，而且还汽化了。除了苍白无力的白热化对话以外，什么也没有留下。陀思妥耶夫斯基长篇小说中重要的场面都是不加掩饰的戏剧性对话。我们可以不增加一个词，不删减一个词，就把它移植到舞台上。每个人物形象都构建得很坚实，长篇小说波涌浪翻的广阔内容就是在这些对话中浓缩成了戏剧性的瞬间。陀思妥耶夫斯基总是渴求最后的定局，渴求强有力的精神集中，还总是渴望闪电般的宣泄。这些悲剧性的感受在对话的顶峰上把他叙事文学的艺术品毫无保留地改造成了戏剧的艺术品。

不言而喻，远在语文学家们之前，急于求成的剧院工匠和林荫道剧作家就抢先认准了在这些具有戏剧性甚至舞台效果的场景里所包含的东西。于是，他们很快就根据《罪与罚》、《白痴》、《卡拉马佐夫兄弟》粗制滥造出来几部剧本。但是这就证明了，要从外部，从形象性和命运上去把握陀思妥耶夫斯基的人物，并且把这些人物从他们的领域即他们的感情世界里提升出来，使他们脱离开有节奏、易激动和电闪雷鸣的气氛的尝试都失败得多么惨。这些人物形象就像剥了皮的树干，赤裸裸的，毫无生气。这些形象与他们生机盎然、窃窃私语、飒飒作响的枝梢相比，形成戏剧性的反差。那些枝梢高入天际，但它们都有千百条秘密的神经扎根在叙事文学的土壤中。陀思妥耶夫斯基的心理学并不适合刺眼的舞台灯光，它嘲笑那些“改编者”和缩写者。这是因为在这个叙事文学的人间地狱里有不可思议的肉体接触、隐蔽活动和细微感情差别。陀思妥耶夫斯基不是根据看得见的姿态，而是根据成千上万次的暗示形成和塑造出人物形象的。任何蜘蛛网都不如他人物的感情的丝网细腻微妙。为了感受一下叙事文学这种皮下的，即仿佛是在皮肤下边流动的暗流的普遍性，人们可以读一下陀思妥耶夫斯基长篇小说的法文缩写版本。这种版本似乎什么都不欠缺，重要情节像电影一样迅速映出。人物形象看起来甚至还更为灵活，更为完整，更加充满激情。然而，在某些方面，这些人物是贫乏的，他们的感情缺少那种奇异彩虹的灿烂光辉，气氛中缺少闪烁放光的电，缺少令人窒息的紧张，正是这种紧张才使放电可怕而又有益。有什么不可替代的东西被破坏了，一个魔法圈破裂了。人们正是从这些缩写和改编为戏剧的尝试中认识到了陀思妥耶夫斯基笔下作品广度的意义，认识到了他那好像是离题万里的讲述的目的性。这是因为他那些显得十分偶然、多余、琐碎、短暂、顺便的暗示都有后边几百页的书作为呼应。在故事的表层下边，隐蔽接触点的这些线路是畅通的，继续传送信息、交换秘密的反思。在他的笔下有感情的密码，有细微的肉体迹象和心理迹象。这些迹象的意义要到第二遍或者第三遍读的时候才会变得显而易见。叙事文学作家从未有过这样仿佛是贯穿到神经的叙述体系，从未在重要情节的骨架下边，在对话的皮肤下边，有如此隐蔽的混乱事件。不过人们只能够勉强地称之为体系。这种心理学过程只能用乍看起来为所欲为但却自有其奥秘之处的规则来相比。其他叙事文学艺术家，特别是歌德，似乎更多的是模仿大自然而不是模仿人，并且让我们对发生的事件有机得像对一种植物，生动得像对一处风景一样来加以欣赏。我们阅读陀思妥耶夫斯基的一部长篇小说，就如同与一个特别深沉和充满激情的人相遇。陀思妥耶夫斯基的艺术作品，它的不朽可以为证，是最有现世性的，是不可计算的，是深不可测的。就像灵魂在身体范围之内是无可比拟的一样，他的艺术作品在艺术的表现形式里也是无可比拟的。

这绝不是说，他的长篇小说都是完美无缺的艺术品，它们的确还远不如某些涉及范围较小、满足于比较朴实的事物、内容比较贫乏的作品。他这个无限制的人能够达到永恒却不能模仿永恒。陀思妥耶夫斯基的焦躁从他的艺术悲剧进入他的生活悲剧中。像巴尔扎克的情况一样，他为了出色地创造他的作品，也被生活驱赶得急如星火，非常忙碌。这是他外表的命运，而不是他内心的轻率。我们不能忘记，他的作品是如何产生的。陀思妥耶夫斯基总是还在写第一章的时候，就已经把整部长篇小说卖出去了。每一次写作都是从预支稿酬到新的预支稿酬的追逐。他在世界各地逃亡时，仍“像一匹邮车上的老马一样”工作。有时他没有时间和闲心给作品做最后的润色。他这个最内行的人，自己很清楚这种欠缺，因此他有些负罪感。他愤慨地呼喊：“但愿他们都能看到我是在什么情况下写作的。他们要求我拿出没有瑕疵的佳作。而我是由于最严酷、最悲惨的窘困才被迫仓促行事的。”他诅咒能够舒适地坐在自己庄园里逐行仔细推敲的托尔斯泰和屠格涅夫。舍此之外，他再没什么要羡慕他们的。他本人不畏惧贫困，但是他这位被压抑成劳动无产者的艺术家，是由于但愿有一天能够安静和圆满地进行艺术创作的不受束缚的渴望，而对“庄园主文学”大发雷霆的。他知道自己作品中的每一个缺陷。他很清楚，在癫痫病发作以后，精神紧张程度放松，好像绷得紧紧的艺术品包装变得不严密了，让一些无关的东西渗透了进来。每逢他朗诵手稿的时候，朋友们和他的妻子需要经常提醒他在癫痫病发作的意识昏迷中犯下的严重疏忽。这位无产者，这个找活儿干的临时工，这个在最艰难困苦的时期里相继写出三部宏伟长篇小说的预支稿酬的奴隶，在内心里是最有觉悟的艺术家。他疯狂地喜爱金饰工艺，喜爱精美的金丝编织品。还在艰难窘困的鞭子下求生的时候，他就一连几个小时为这个编织品锉磨和造型。他曾经两度销毁《白痴》，尽管他的妻子在挨饿，而且还没有支付助产士的钱。他要达到完美无瑕的意志是无止境的，但是艰难窘困也是无止境的。外部的强制和内部的强制，这两种最强大的力量再次展开搏斗，争夺他的感情。他作为艺术家，依然还是伟大的二元分裂论者。正如他作为人永远渴求和谐与安宁一样，他作为艺术家也永远渴求完美无缺。无论在这里还是那里，他都双臂折断，挂在命运的十字架上。

这样，艺术，对被钉上十字架的分裂者来说，它既不是拯救，也不是无家可归者的庇护所，它是痛苦、焦躁不安、急迫和逃亡。推动他进行艺术创造的激情把他驱赶得越过了完成，驱向永恒的无限。他的小说建筑同中断的未完成的塔楼一起（这是因为他曾许诺要为《卡拉马佐夫兄弟》和《罪与罚》两书都写出第二部来，但却未能做到）高直耸入永恒的难题的云端。如果我们不再把他的建筑物称为长篇小说，如果我们不再以叙事文学标准来评价它们，那么，它们早就不是文学，而是某种隐秘的入门书、先知的预言、关于新人类的前奏曲和警告了。陀思妥耶夫斯基像他所有显赫的俄罗斯前辈一样，只觉得艺术是人对上帝忏悔的桥梁。我们记得起来：果戈理在写了《死魂灵》以后就抛开文学，变成了神秘主义者，变成了新俄罗斯的神秘信使；托尔斯泰作为六十岁的老人诅咒艺术，诅咒自己的艺术和外国的艺术，变成了善良和正义的福音教徒；高尔基放弃荣誉，变成了革命的宣告者。陀思妥耶夫斯基直到最后一个小时才放下笔，但是他所创作的早已不再是人世间狭义的艺术品，而是新俄罗斯世界的某种神话，是一种启示录式的宣告——含义模糊，颇费猜详。正因为他书中最后的东西只能进行猜测，而不是铸成了非永恒的表现形式，所以他的书是人和人性通向完善的道路。

跨越界限的人

你不能完结，

这使你伟大。

歌德

传统是过去围绕现在的冷酷界限：凡是想要进入未来的人都必须跨越这个界限。大自然在认识中是不肯停步的，诚然它似乎要求秩序，然而却喜欢为了新秩序而破坏秩序的人。大自然总是以其充溢的力量把个别人造就成离开感情的故国家园、远航到未知的茫茫大洋里、走向内心的新大陆即精神的新领域的征服者。没有这些勇敢的跨越界限的人，人类就会自我封闭。人类的发展也就只会是环形道路。没有这些伟大的信使——人类似乎在他们身上超越了自己——每一代人对自己的道路都会一无所知。没有这些伟大的冒险家，人类就不会了解自身最深刻的含义。使得世界广阔的不是那些平心静气的专家，不是祖国土地的地理学家，而是横越茫茫大洋、乘船驶往新印度的亡命之徒；不是心理学家、科学家，而是作家中不受约束的人、跨越界限的人，他们在他们的深度上认识了现代的灵魂。

在文学领域那些伟大的跨越界限的人中间，陀思妥耶夫斯基走得最远。除了他这个焦急暴躁的人，除了这个用他自己的话说是“需要不可测量的事物和无止境的事物就像需要地球本身一样”的不受约束的人，再没有人发现这么多感情的新领域，他在任何地方都不会停步不前。他在一封信里既自豪又自责地写道："我到处都跨越界限，在各个领域里。"要列举出他所有的事迹，那简直是不可能的事，如徒步翻越思想的冰山雪岭，又如下降到潜意识隐蔽最深的源泉，还有上升，仿佛梦游者那样上升到令人头晕目眩的自我认识的顶峰。没有他这位伟大的跨越一切界限的人，人类就会对自己先天固有的秘密所知更少。现在我们从他的作品的高峰上对未来比以往任何时候都看得更远。

陀思妥耶夫斯基跨越的第一个界限——他给我们打开的第一个遥远的地方——是俄国，他为世界发现了他的国家。他扩大了我们的欧洲意识，是第一个让我们把俄国人的感情看做世界感情的片段、最宝贵的片段的人。在他以前，对于欧洲来说，俄国意味着一个界限：那里是通往亚洲去的道路，是地图上的一块，是我们自己尚未开化的、已经度过的文化童年的一段往昔。但是他还是第一个让我们看到这不毛荒野中未来力量的人，从他以后我们才觉得俄国是笃信宗教的一种新的可能，是人类伟大诗篇中的下一个名句。他使全世界的心获得新的知识和新的期待。普希金（我们对他理解很不够，因为他的诗的手段在每一次翻译中都要丧失电力）只让我们看到了俄国的贵族；托尔斯泰又让我们看到了宗法制度下纯朴的乡下人，让我们看到了古老的、被分隔开的、精力衰竭的世界的本质；只有陀思妥耶夫斯基以宣布新的可能性点燃我们的灵魂，激发起这个新国家的天才。正是在这场战争[①]中我们感觉到，关于俄国

① 指第一次世界大战。

我们所知道的一切都是通过他才知道的，而且是他使我们得以感受到这个敌国也是感情的兄弟之邦。

但是比在文化上扩展关于俄国概念的世界知识（如果普希金不在三十七岁时被决斗的子弹带走生命的话，也许他早已扩展了俄国的概念）更为深刻和重要的是，我们在感情上自我了解的惊人扩大。这种扩大在文学中是没有先例的。陀思妥耶夫斯基是心理学家中的心理学家，人心的深度神秘地吸引着他。他的真实世界是无意识、潜意识、无法解释的东西。自莎士比亚以来，我们还没有学到过这么多感情的秘密和感情交错的神秘规律。陀思妥耶夫斯基像唯一从哈得斯的冥间世界回来的奥德修斯那样，给我们讲述了精神的冥间世界。这是因为与奥德修斯的情况相同，他也由一个上帝、一个魔鬼陪伴着。他的疾病把他拉到普通人上不去的感受高峰，然后猛然把他击倒，使他不安和畏惧，甚至陷入人世彼岸的状态。这种病使得他能够在忽而酷寒、忽而炎热、非生物的和残存生物的大气中呼吸。正如夜间活动的动物能够在黑暗中看到东西那样，他在昏暗情况下比其他人在白天看得更清楚。在气息相闻的距离内他能照亮精神错乱者的面孔，他能像月夜梦游者那样登上那些清醒的人和有知识的人会昏厥摔倒的感觉顶峰，而且准确无误。

陀思妥耶夫斯基非常深入地进入无意识的冥间世界，比医生、法律学者、刑法学家和精神变态者更深。科学后来才发现和命名的许多仿佛从死亡体会中用解剖刀刮下来的种种心灵感应的、歇斯底里的、幻觉的、性欲反常的现象，他都由于有那种清晰的共知和共感的神奇能力而预先描写了出来。他追查精神的种种异常现象，一直追到精神错乱的边缘（精神上的无节制），一直追到犯罪行为的悬崖峭壁（感情上的无节制），进而穿越过一片无边无际的精神新区域。一门古老的科学随着陀思妥耶夫斯基而翻过了最后一页，于是在艺术中陀思妥耶夫斯基开创了一种新的心理学。

这是一种新的心理学：精神的科学有自己的方法，艺术也有，初看起来，艺术历经千秋万代，像是一种无限的统一体，但它也有不断革新的规律。这里也有通过不断的新的溶解和确定而出现的知识变化和认识进步，正如化学通过实验越来越减少了看起来不可分的原始元素的数量，或者在看来简单的东西中还能认识到各种成分一样，心理学也通过不断进步的区分技术把感情的统一体分解为无止境的冲动和反冲动。尽管个别人有过种种能预见的天才，但是旧心理学与新心理学之间的分界线还是清晰可辨的。从荷马一直到莎士比亚，就只有单线性的心理学。人依然是一个表达公式：肌肉和骨骼中的特性。例如，奥德修斯是狡猾的，阿喀琉斯是英勇的，埃阿斯是慷慨激昂的，涅斯托耳是贤达明智的……这些人的每一个决断、每一个行为，在他们意志的射击面内都公开得清清楚楚。还有古代艺术向新艺术转折时期的诗人莎士比亚，他所描绘的人物总是有一个属音挡住了他们性格中相互冲突的旋律，而且正是他从精神的中世纪里给我们新时代的世界预先送来了第一个人物。他把哈姆雷特创作成第一个多疑的性格。这就是现代性格多样的人物的祖先。在这里意志第一次在新心理学的意义上冲破了抑制，把进行自我观察的镜子放到了精神里，塑造了要对自己进行了解的人物。这个人物同时过着内部与外部的双重生活，这实现于在行动中思考，在思考中行动。在这里人物第一次过自己的生活，就像我们对生活的感受那样，人物的感觉也像我们现代人的感觉一样，当然他还是处于一种意识的朦胧状态：他这位丹麦王子被迷信世界的道具所包围，还得由魔汤和精灵来影响他焦躁不安的思想，而不仅仅是用空想和猜测。但是在这里也确实完成了把感情一分为二这个心理学上了不起的大事件。精神的新大陆被发现了，未来的研究者走上了康庄大道。拜伦、歌德、雪莱的浪漫主义人物，恰尔德·哈罗尔德和维特都在永恒的对立中感受到了自己的本性同客观世界充满激情的矛盾，都以自己的焦躁不安促进了感情的化学分解。在这个时期里精密科学还提供了许多宝贵的单项知识。然后司汤达出现了，关于感情的净化教育、感觉的多义性和转化能力，他比所有的先驱人物都知道得多。他猜想，为了每一个具体决定，胸中都要发生深奥莫测的冲突。但是这位天才灵魂的怠惰和性格中散步式的漫不经心，使得他还不可能阐明无意识的全部动力学。

统一体的伟大破坏者、永恒的二元论者陀思妥耶夫斯基才深入了这个秘密。是他而非别人，创立了完善的感情分析。在陀思妥耶夫斯基笔下，感情的统一体被撕碎了，仿佛他的人物都装进另外一种精神，同从前存在的那些人都不一样。与他的细微区分相比，他以前的作家们最勇敢的精神分析也显得肤浅：他们那些感情分析颇似一本用了三十年的电气工程学教科书，只讲到了基础知识，而对重要部分还根本没有预料到。在陀思妥耶夫斯基的精神领域里，没有纯粹的感情，也没有什么是不可分的元素：一切都是结合物、中间过渡形式、通过形式、转变形式。感受在无休无止的反转颠倒和混乱迷惑中踉跄而行，犹豫不决地走向行动。意志和实际情况的迅速交流把感受摇晃得如一团乱麻。人们总是以为已经接触到了一个决定、一个欲求的最终基础，可它却又总是不断地返回指向另外一处。憎恶、喜爱、情欲、衰弱、虚荣、傲慢、统治欲、谦恭、敬畏等种种欲望都盘根错节地交织在永恒的转变中。在陀思妥耶夫斯基的作品中，感情是一团乱麻，是一种庄严的杂乱无章。在他的笔下，有渴求纯洁的醉鬼，有渴求悔过的罪犯，有出于对单纯的乡下姑娘的爱慕的强奸者，有出于虔信宗教的需要的诅咒上帝者。他的人物渴望什么，就会去做什么，既怀着碰壁的希望，也抱着实现的期待。如果完全摊开来看，他们的固执无非是一种隐蔽的羞耻，他们的爱无非是一种萎缩的恨，他们的恨也无非是一种隐蔽的爱。对立孕育对立。在他的笔下还有贪求痛苦的好色之徒，贪图欢乐的自我折磨者。他们意志的旋涡飞快地作圆周运动，他们在欲望中享受到乐趣，在乐趣中享受到厌恶，在行动中悔恨，反过来在悔恨中又行动。在他们那里，感受仿佛有上方和下方，有多倍的增长。他们的手的动作并非是他们内心的动作。他们内心的言语又不是他们嘴上的言语。每一个具体的感情都是如此的分裂、复杂、多义。要想在陀思妥耶夫斯基的笔下领会感情的统一体是绝对不会成功的，要想在语言概念网中捕捉某个人物也是绝对不会成功的。人们把费奥多尔·卡拉马佐夫称为纵欲者，这个概念好像完全说明了他。但是斯维德里盖洛夫不也是一个纵欲者吗？还有那个《成长者》中的无名氏大学生不也是吗？不过在他们之间和他们的感情之间有着天壤之别！在斯维德里盖洛夫那里，淫欲欢乐是一种冷酷的、没有思想的放荡行为，他是自己淫乱行为的深思熟虑的策略家。卡拉马佐夫的淫欲欢乐则又是生活乐趣，是把放荡行为推进到自我玷污，是一种要混进最底层生活的深沉冲动。这是因为生活——最底层的生活——就是从生命的极度兴奋中再来享受生活的煎熬。前者是出于贫困的纵欲者，后者是出于感情无节制的纵欲者。在后者身上是病态的精神激动，在前者身上则是一种慢性的炎症。斯维德里盖洛夫又是个寻常的寻欢作乐的人，性欲在他身上不是罪恶而是一种“小恶习”。他是小而脏的动物，是一只性欲的昆虫。前边那个《成长者》中的无名氏大学生则是表现为性倒错的精神堕落。人通常包含在一个概念里，但是在人与人之间却可以横亘着千山万水。因此在这里正如淫欲欢乐是各不相同的，而且都消融于它神秘的根源和成分里那样，对陀思妥耶夫斯基笔下的每次感受、每次冲动，也都能追溯到最深处，追溯到一切电流的起源，追溯到自我和世界之间、维护与奉献之间、傲慢与屈从之间、挥霍浪费与节俭行事之间、个体化与集体化之间、向心力与离心力之间、自我扩张与自我毁灭之间、自我与上帝之间的那个最后的对立。人们可能像当前所要求的那样，把这些对立叫作成对的矛盾。最后的对立总是灵与肉之间那个世界的原始感情。在陀思妥耶夫斯基之前，我们对于感情的如此繁纷复杂，对于我们的灵魂的混合性，从来没有知道得这么多。

然而最令人惊讶的是，在陀思妥耶夫斯基笔下，感情的溶解是在爱情里的。他的功绩之一就是把长篇小说——几百年乃至从古希腊罗马以来的整个文学只被归于男女之间的这种中心感情，把它当作全部存在的最初源泉——往下引向更深，往上引向更高，进入最后的认识。爱情对于其他作家来说，是生活的最终目的，是艺术作品讲述的目标。但是对于陀思妥耶夫斯基来说，爱情却不是生活的基本要素，而只是生活的阶梯。其他作家所唠叨不休的是和解的光荣瞬间，是在这个时刻里一切斗争得到调和，精神和感官、家族和世代这时都完全溶解到最美好的感受中。归根结底，在其他作家那里的生活冲突与陀思妥耶夫斯基笔下的冲突相比全都显得令人好笑地幼稚：爱情触动人物，魔杖从神的云端降下，秘密、了不起的魔法，令人费解、无法说明、生活最后的奥秘。于是男人的爱情就是：如果他得到了他所追求的女人，那么，他就是幸福的；如果他得不到他所追求的女人，那么，他就是不幸的。在所有的作家笔下，人性的天堂就是再度被爱。然而陀思妥耶夫斯基的天堂更高。在他的笔下，拥抱还并非结合，和谐也还并非统一。对于他来说，爱情不是幸福状态，不是调和，而是升格的争斗，是永恒创伤的剧烈疼痛。因此爱情是一个苦难的证件，是一种比在平常时候更为剧烈的人生痛苦。如果陀思妥耶夫斯基的人物彼此相爱了，那么，他们就不是安闲平静的了。相反，他的人物由于自己本性的种种冲突而发生的震颤往往在他们的爱情得到回报的那个瞬间最为猛烈。这是因为他们不让自己沉浸于自己洋溢的感情之中，而是要努力提高这种洋溢的感情。信奉他的二元论的男女都没有在这最后的瞬间停步不前。他们都轻视这一瞬间的平静的方程式（其他所有人都把这一瞬间选定为最美好的瞬间）：男女情人都是以同样的强度去爱和被爱。因为那就会是和谐，就是一个终点，就是一个限度，可他们只为无限而生。陀思妥耶夫斯基的人物既不愿意去爱别人，也不愿意被别人爱。他们总是爱牺牲者，他们都愿意成为牺牲者，成为奉献更多的人，成为接受更少的人。他们在精神错乱的感情拍卖中互相抬高价格，直到开始只是平静的游戏的感情仿佛成了一声喘息、一声呻吟、一场斗争、一阵痛苦为止。如果他们被人拒绝，如果他们受到嘲弄，如果他们受到轻视，那么，他们在迅速的变化中就是幸福的，因为那样他们就成了给予的人，无限给予而且不为给予而要求任何东西的人。因此，在他这位对立大师的笔下，憎恨总是与爱情非常相似，而爱情也总是与憎恨非常雷同。但是即使在人们似乎专心互爱的短暂时期里，感情的统一也会再一次发生爆炸。这是因为陀思妥耶夫斯基的人物从不可能用自己感官与精神的整体力量去相爱。他们或者是用感官相爱，或者是用精神相爱。在他们身上，肉和灵绝不会处于和谐状态。只要看看他写的妇女就明白了，她们全都是同时生活在两个感情世界里的昆德莉。她们用精神为圣杯服务，同时她们的肉体在提图雷尔[①]的鲜花丛里燃烧着情欲的欢乐。双重爱情的现象在其他作家笔下是最复杂的现象之一，在陀思妥耶夫斯基笔下则是司空见惯、理所当然的现象。娜斯塔西娅·菲里波芙娜在其精神本性中爱梅什金这个温柔的天使，同时又用性欲的激情爱她的敌人罗果仁。她在教堂门前从公爵那里挣脱开身子，跑到另一个人的床上睡觉。她从醉鬼酒宴上退回到她的耶稣基督身边。她的精神仿佛高高在上，惊骇地俯视着她的身体在下面的所作所为。当她的思想在极度兴奋中转向另外一个人的时候，她的身体

① 昆德莉和提图雷尔均系瓦格纳歌剧《帕西法尔》中的人物。

却仿佛在催眠术的作用下入睡了。格露莘卡也是如此。对于第一次诱奸她的人，她既爱又恨。她在强烈的情欲中爱她的迪米特里，又怀着敬佩，完全非肉欲地爱着阿廖沙。《少年》的母亲出于感激爱上了她的第一个丈夫，同时又出于奴隶身份，出于过分强调的屈从，爱着维尔西洛夫。爱情概念的变化是无限的、无法测算的，而另一些心理学家则只是草率地将其归于“爱情”的名下。这就像历朝历代的医生把一批批疾病硬填在一个名字下边，而那一个名字我们今天要用数以百计的名字和治疗方法。在陀思妥耶夫斯基的笔下，爱情可能是经过转化的憎恶（亚历山大）、同情（杜尼娅）、固执（罗果仁）、淫荡（费奥多尔·卡拉马佐夫）、自我强暴。但是在爱情后边总是还有另外一种感情，一种原始感情。他所写的爱情绝不是元素的、不可分解的、无法阐明的原始现象和奇迹。他总是对最强烈的情欲感情进行阐述和分解。噢，这些变化是无穷尽的，是无穷尽的。每一种变化都放射出异彩光芒，从冷漠到严寒冻僵，又再度灼热起来。就像生活纷繁复杂那样，爱情的变化也是无限的、难穷究竟的。我想回忆一下卡捷琳娜·伊万诺芙娜，她在一次舞会上看到了迪米特里。迪米特里让人把自己介绍给她。他侮辱了她，因此她憎恨他。他又进行报复，对她进行侮辱，而她依旧爱他。或者说，她所爱的根本不是他，而是他对她进行的侮辱。她为他作自我牺牲，还以为是在爱他。但是她所爱的只是她的自我牺牲，她的爱情的特别姿态。因此，她愈是显得很爱他，便愈是非常憎恨他。这种憎恨突然冲向他的生活，破坏他的生活。而就在她破坏他的生活那个瞬间里，在她的自我牺牲似乎要显现为谎言的那个瞬间里，她也就对所受的侮辱进行了报复——她又爱起他来了！在陀思妥耶夫斯基笔下，一场恋爱事件就是这样的错综复杂。他的作品跟那些我们翻到最后一页发现主人公彼此相爱、历经各种磨难终于重新走到一起的书，有什么可比性呢？在其他人的悲剧结束的地方，陀思妥耶夫斯基的悲剧才开始。因为他不想把爱情，即把两性温柔的和解，看做世界的意义和胜利。他再次和古希腊罗马的伟大传统建立起了联系。在古代，一个人命运的意义和伟大不在于争夺到一个女人，而在于经受得住世界和众神的考验。在他的笔下，人物又站起来了，但不是把目光盯住女人，而是用宽广的额头对着他的上帝。他的悲剧比世世代代的悲剧和男人与女人的悲剧都更加伟大。

如果我们是在这样深度的知识里，在感情的完全分解中来认识陀思妥耶夫斯基，那么，我们就会明白，他那里是没有再回到往昔的道路的。一门艺术如果想要是真实的，那么，从此以后，它就绝不可提供被他砸碎了的感情小圣像，绝不可再把长篇小说封锁在社会和感情的小圈子里，绝不可再使被他照亮了的神秘的灵魂的空白地带阴暗起来。他是第一个给了我们生而为人的意识的作家。与过去相比，我们就是首批感情不同的人，因为我们比所有从前的人拥有了更多的知识。谁也无法估算，在他的书发表以后的这五十年里，我们有多少人变成了与陀思妥耶夫斯基的人物相似的人，在我们的性格中，在我们的血液中，在我们的精神中，有多少先兆使他的预感成为事实。他首先踏上的这块新大陆或许就是我们的国家，他所征服的界限或许就是我们安全的故乡。

他像先知一样为我们发现了我们正在经历的最后真实里的无限性。他为人物的深度提出了新的标准：在他以前，没有哪个肉体凡胎的人知道这么多精神不朽的秘密。但是令人惊异的是，尽管他大力扩展了我们对自身的了解，却不允许我们忘记谦恭和把生活作为某种魔性来感受的崇高感情。通过他，我们变得更自觉了。这一点没有使我们有更多自由，而是使我们有了更多约束。现代人自从把闪电认识为电的现象、大气的电压和放电以来，仍像历代人那样感受到闪电的威力。我们提高了对人的灵魂机制的认识，但丝毫没减少对人性的崇敬。正是这个故意给我们看灵魂一切详细情况的陀思妥耶夫斯基、这个伟大的分析家、这个感情解剖学家，他同时也比所有现代作家提供了更为深刻，也更为广泛的世界感受。他对人物认识之深刻是前无古人的，对于他塑造的不可理解的神圣和神，他的敬畏是无人可比的。

上帝的折磨

上帝把我折磨了整整一辈子。

陀思妥耶夫斯基

“有一个上帝吗？还是没有？”伊万·卡拉马佐夫在那场可怕的谈话中对与他貌似的人，即魔鬼，这样责问道。魔鬼报以微笑，不急于回答，为这个深受折磨的人卸下这个重负。伊万于是“以不可遏制的固执”，趁着神圣的狂怒进逼魔鬼：在这生存攸关的最重大问题上，魔鬼应该而且必须给他作出回答。但是魔鬼只是往暴躁的炉栅栏里煽风，对他这个绝望的人说："这个我不知道。"魔鬼为了折磨这个人，便不回答这个寻求上帝的问题，给他留下了上帝的折磨。

在陀思妥耶夫斯基的所有人物和他自己身上都有这个提出上帝问题而又不作答复的魔鬼。所有的人都得到那样一颗能用这些痛苦的问题折磨自己的"更为高尚的心"。"您相信上帝吗？"另外一个变成人形的魔鬼斯塔夫罗金猛然盛气凌人地训斥屈从的沙托夫。他把这个犹如火红的钢刀一样的问题刺进了沙托夫的心窝。沙托夫蹒跚后退。他颤抖起来，面色苍白。这是因为在陀思妥耶夫斯基笔下，总是最正派的人在这个最高的信仰前边发抖（而他本人呢，他怀着神圣的恐惧在最高的信仰面前颤动得多么厉害呀）。直到斯塔罗夫金一再逼迫，从沙托夫那苍白的嘴唇里才结结巴巴地讲出这句托词："我相信俄罗斯。"只有为了俄罗斯，他才信奉上帝。

这个隐蔽的上帝就是陀思妥耶夫斯基所有作品里的问题：我们心中的上帝，我们身外的上帝，还有上帝的复活。对于他这个真正的俄国人，这个最伟大和最本质的、由千百万人培养起来的人来说，根据他的定义，这个关于上帝和永生的问题就是"人生最重要的问题"。他的人物没有一个逃得开这个问题，它作为事业的阴影随他一道成长，忽而跑到人物的身前，忽而又作为懊悔落在人物的身后。但是他们都没能逃避开这个问题。唯一企图否认这个问题的人，那位异乎寻常的思想殉难者，《群魔》中的基里洛夫，为了杀死上帝而不得不自杀。这样他就比别的人更加充满激情地证实了上帝的存在和不可能逃脱。让我们来看看他笔下的谈话，人们多么想避免谈到上帝，多么想回避上帝，绕开上帝：他们总是喜欢在下边低声交谈，做英语长篇小说中的那种“闲谈”。他们谈论奴隶制度、女人、西斯廷圣母像、欧洲。但是上帝问题的无限重力附着在每一个话题上，而且最终把每个话题拖进神秘的不可穷究之中。陀思妥耶夫斯基笔下的每一次讨论都是在俄罗斯的概念上或者在上帝的概念上结束的。因此我们看到，对于他来说，俄罗斯和上帝这两个概念是同一的。俄罗斯人即他的那些人物，他们在思想上如同在他们的感情中那样，是不会止步不前的。到最后他们必定总是不可避免地从实践和事实转入抽象，从有限转入无限。因此，上帝的问题是一切问题的终点。它是把他们的思想无可挽回地裹入其中的内部旋涡，是让他们的灵魂发烧的引起溃疡的碎片。

发烧。这是因为，上帝——陀思妥耶夫斯基的上帝——是一切焦躁不安的根源，因为他这位对比的始祖既是“是”又是“否”。上帝不像古代大师们的图像画的那样，也不像神秘主义者文章中说的那样，上帝不是云端之上的轻柔飘动，不是优哉游哉的升华状态。陀思妥耶夫斯基的上帝是原始对比的两个电极之间迸发的火花。上帝不是本质，而是一种状态，是一种电压状态。上帝像他的人物一样，像创造人物的那个人一样，是一个贪得无厌的上帝，没有任何努力能摆布他，没有任何思想使他精疲力竭，没有任何贡献使他满意。上帝是永远无法触碰的，也是一切痛苦的痛苦。因此，从陀思妥耶夫斯基的胸膛里迸发出基里洛夫的呼喊：“上帝把我折磨了整整一辈子。”

陀思妥耶夫斯基的秘密就是，他需要上帝，然而却找不到上帝。有时候他认为自己已经属于上帝了，他的极度兴奋已经抱住上帝了。这时候他的否定的需要便发出铿锵响声，把他又召回到人世间。没有人比他对需要上帝悟解得更深刻。他曾经说过："我觉得上帝是必不可少的，因为他是能够永远爱的唯一本质。"还有一次他说："对于人来说，除了发现了人能够顶礼膜拜的东西之外，没有什么连续不断、更为折磨人的恐惧了。"他饱尝了六十年这种上帝的折磨，他像爱每一次苦难那样爱上帝，他爱上帝胜过爱其他一切。这是因为上帝是一切苦难中最永恒的苦难，而苦难之爱就是他最深刻的生存思想。他历尽六十年艰辛走向上帝，而且"像枯干的草渴望雨露一样"渴望信仰。永远爆裂的东西想成为统一体；永远被迫赶者想有个休息；永远被驱使者想穿过激情的一切湍急河流；四散漫溢者想找到出路，找到安静，找到大海。他就这样把上帝梦想为安慰，然而却发现上帝是火。为了能够接受上帝，他想变得低微平凡，就像精神状态中的昏昏沉沉那样。他希望能有烧炭工人的信仰，就像那个"十普特[①]重的胖商人的妻子"那样。为了成为一个信徒，他愿放弃做一个最博学的人、最有觉悟的人。他像魏尔伦那样祈求说："请给我一些淳朴吧。"头脑在感受中烧毁，涌入上帝的静谧，像动物似的昏沉迟钝——这就是他的梦想。啊，他展开了双臂迎向上帝，他像动物发情似的欢闹折腾，他高声呼喊。他投掷逻辑的捕鲸叉去捕捉上帝，给上帝布置下最大胆的猎狐圈套。他把

① 普特，俄国沙皇时期的重量单位，每普特为 16. 38 公斤。

激情像箭一样向上射去，他射中了上帝。对上帝的渴望就是他的爱情，就是一种“近乎不诚实的”激情，一种疾病的发作，一种感情的洋溢。

然而，因为他如此狂热地想有信仰，他就有信仰了吗？难道陀思妥耶夫斯基这位东正教最雄辩的辩护人，这位正教人士，本人是一名信徒，就是一个基督教的作家吗？在某些瞬间里他肯定是的：那时他没完没了地抽搐，那时他自己就痉挛成了一个上帝，那时他有了在人世间不起作用的和谐，那时他这个被钉上了十字架的分裂的人在唯一的天空中得到了复活。然而即使在那个时候，他身上也还有某种东西保持着清醒，没有在灵魂的烈火中熔化。当他已经完全溶解，完全处于超越人世的酩酊醉态的时候，他那残酷无情的分析精神依然在暗中守候，而且测量过了他想要沉入的大海。我们每个人与生俱来的、无法医治的分裂，在上帝的问题上也大张着口。但是迄今为止，还没有一个世上凡人像陀思妥耶夫斯基那样拓展过深渊裂口的宽度。他是信徒中最虔诚的信徒，也是一个灵魂中最极端的无神论者。他在自己的人物身上也令人信服地描述了两种表现形式，即正反相对的可能性（他自己没有信服，也没有作出抉择）。一方面是自我献身，要像一粒尘埃溶解于上帝之中那样屈从。另一方面则是极端的不可一世，自己要成为上帝，“要认识到，有一个上帝，同时还要认识到，自己没有变成上帝，那是把人逼向自杀的胡说八道”。因此，他的心是在两方面的，既在上帝的奴仆一边，又在否定上帝者一边；也就是既在阿廖沙一边，又在伊万·卡拉马佐夫一边。在他作品里连绵不断的宗教的争论中，他没有作出抉择。他依然是既站在信教者一边，又站在异教徒一边。他的信仰是在世界两极——是与否——之间强大的交流电。陀思妥耶夫斯基即令在上帝面前也是个伟大的被开除出统一体的人。

就这样，他始终是把自己滚下山的石头重新推向知识高峰的永久滚石人西西弗，是永远致力于接近他从未联系上的上帝的人。但是我没有弄错吧，陀思妥耶夫斯基不是一个伟大的信仰说教者吗？由管风琴伴奏的那些庄严的上帝颂歌不是贯穿了他所有的作品吗？他的全部政治论著和文学著作不是一致证明了，而且是绝对地、不容置疑地证明了上帝的必要性和存在吗？他的著作不是宣布了正教的信仰，并且把无神论谴责为最严重的犯罪吗？但是在这里我们切不可把意志与真实混为一谈，切不可把信仰与信仰的要求混为一谈。陀思妥耶夫斯基这个不断走回头路的作家，这个生而为人的矛盾体，把信仰宣讲为必然性。他对别人愈是热情地宣讲信仰，他自己便愈是热情地不相信（我的意思是说，他并不抱有一种持久的、稳定的、平静的、依赖的信仰，把“净化的热情”看成最高的义务）。他从西伯利亚写给一位女士的信里说：“我想给您讲一讲我自己。我是这个时代的孩子，是无信仰和怀疑的孩子。因此，很可能，是的，我确切知道，直到生命的终点，我将永远是这个样子。我愈是提出信仰的反证，我对信仰的渴望也就愈加强烈。这种对信仰的渴望曾经，而且现在仍然把我折磨得多么厉害呀！”他从无信仰出发而有了对信仰的渴望。这一点他从来没有比在这里讲得更明确过。这里就是陀思妥耶夫斯基的那些突出的重新评价之一：正是因为他没有信仰，而且吃透了这种无信仰的苦头，正是因为——用他自己的话说——他一向只是为了自己而爱痛苦，对待别人则怀有同情，所以，他给别人宣讲他自己所不相信的对上帝的信仰。他这个被上帝折磨的人想有虔信的人类，这个痛苦的无信仰者想有幸福的信徒。他被钉在自己无信仰的十字架上向民众宣讲正教。他压制自己的理解力，因为他知道，理解力会揭穿和烧毁那给人以幸福的谎言。于是他便宣讲起了给人以幸福的谎言，也就是严格的、与《圣经》经文一致的农民教义。他这个“没有丝毫宗教信仰的人，这个对上帝造过反的人”，而且如他自豪地宣布的，像他这样“用类似的力量来表达无神论，在欧洲别无他人”，然而他竟然要求
从于东正教教会。为了使人们免受只有他亲身体验过的上帝
磨，他着重宣讲的是上帝之爱。这是因为他知道，“犹豫
仰的焦躁不安——对于有良知的人来说——这是一种
愿意忍受的痛苦”。他本人却不回避这种痛苦，他作
起了怀疑。但是他想要人类——他无限热爱的人类
疑。于是，他不是傲慢地宣布他的知识的真理，而
仰的谦卑的谎言。他把宗教问题塞进民族性中去，
性一种神圣的狂热。对于“您信仰上帝吗?”这么
着生平最真诚的坦白，就像是上帝最忠实的奴仆
信仰俄罗斯。”

俄罗斯是他的逃避，是他的遁词，是他的解
不再是分裂的，在这里他的话成了信条。上帝对
他给自己创造了一个在自己与良心之间的中间
督，一个新人类的宣布者，一个俄罗斯的基督。

仰需要从现实中，从时代中，投向不确定的事物——因为他这个不受约束的人只能献身于不确定的事物，献身于没有限度的事物——投进巨大的概念的俄罗斯中，投进这个充满了他的无限信仰的单词里边。他作为又一个约翰[①]，在没有见过新基督的情况下就宣布了新基督。不过他是为了世界，以他的名义，以俄罗斯的名义讲的。

他的这些救世主的著作——一些政治论文和卡拉马佐夫的几次感情爆发——都是令人难以捉摸的。新基督的面容——新的拯救思想，与一切人和解的思想——一副拜占庭似的面孔，有严厉的性格特色和卑屈的辛劳皱纹。这副面孔从他的救世主著作中模模糊糊地浮现了出来。一双咄咄逼人的外国人眼睛仿佛是从古代烟熏火燎的圣像中盯住我们。这双眼睛中有热情，有无限的热情，但是也有憎恨和严酷。如果陀思妥耶夫斯基对我们欧洲人就像对无可救药的异教徒那样宣布俄罗斯的拯救福音，那么，他本人是可怕的。这是一个凶恶的、狂热的、中世纪的僧侣。他手里拿着一个拜占庭的十字架，就像拿着一根笞棒那样。站在我们面前的这位政治家，这位宗的狂热信仰者，就是这个样子。他宣讲他的教义时，就像一个精乱的人，一个在神秘莫测的痉挛中急切要回家的人，而不是使的布道口气。他把毫无约束的激情在着魔似的大发雷霆中发他用大头棒击倒一切异议。这样一个狂热冲动的人，神态睛里闪射出憎恨的火花，直冲时代论坛发起了攻击。他嘴，双手不停地颤抖，在我们的世界作法驱魔。

爱的门徒，并且是《约翰福音》和《启示录》的作者。

他作为一个反对圣像崇拜者，作为一个狂躁的偶像破坏者，砍伐起欧洲文化的圣物来了。他这个癫痫病患者为了给他的新基督，也就是俄罗斯的基督，清理道路，就践踏了我们的一切理想。他那莫斯科人不容异议的脾气激动到了嬉笑怒骂的地步。欧洲，那是个什么东西？是一块教堂墓地。那里也许有宝贵的坟墓，但是现在散发出了腐朽的臭气。即便施肥也无济于事，新种子只有在俄罗斯的土地上才能茂盛开花。法国人——浮躁的纨绔子弟，德国人——卑微的制香肠民族，英国人——精打细算的小杂货商贩，犹太人——令人厌恶的傲慢。天主教——魔鬼的教义，对基督的嘲弄；新教——一种貌似理智实则肤浅的国家信念。这一切都是对唯一真正的上帝信仰也就是对俄罗斯教会的讽刺图画。教皇——头戴三重冠的撒旦，我们的城市——启示录中的大娼妓巴比伦，我们的科学——虚荣的幻觉，民主——柔弱智慧的淡薄汤汁，革命——傻瓜和被愚弄者的一场任性的恶作剧，和平主义——老太太们的闲扯瞎聊。欧洲所有的思想都是一束开败了的枯萎花束，如能被抛弃到污水里，就算得其所哉。只有俄罗斯的思想是唯一真实、唯一伟大、唯一正确的思想。这个疯狂的夸张者继续以马来狂人的奔跑速度发起攻击，用短剑刺倒一切不同意见：“我们很理解你们，但是你们不理解我们。”于是每次讨论都以流血结束。他发布命令：“我们俄国人是理解一切的人，你们都是有局限的人。”只有俄国是正确的，因而俄国的一切都是正确的，沙皇和皮鞭、东正教教士和农民、俄式三驾马车和圣像，也都是正确的，而且越是反欧洲的、亚细亚式的、蒙古的、鞑靼的，就越是正确的，越是保守的、落后的、不前进的、非精神的、拜占庭式的，就越是正确的。啊，这个伟大的夸张者多么痛快地发泄了一番！“让我们成为亚洲人！让我们成为萨尔马特人①！”他突然欢呼起来：“离开彼得堡，离开欧洲，退回到莫斯科，再往前，往西伯利亚去。新俄罗斯就是第三帝国！”这位异常兴奋的中世纪僧侣不能容忍对此进行讨论。打倒理智！俄国就是人人必须毫无异议地信奉的教义。“人们不该用理智，而是要用信仰来理解俄国。”谁不对俄国下跪，谁就是敌人，就是反基督者，那就要对他进行十字军讨伐！他高奏起了嘹亮的军乐。一定要踏烂奥地利，一定要从君士坦丁堡的索菲亚大教堂上扯下新月旗，一定要使德国受到侮辱，一定要战胜英国——一种荒唐的帝国主义为他的高傲披上一层僧侣服装，高呼：“上帝希望如此。”为了天国之故，整个世界都要赞同俄罗斯。

就这样，俄罗斯成了基督，成了新的拯救者，而我们则成了异教徒。没有办法把我们这些堕落的人从我们罪恶的涤罪所里拯救出来，我们都犯了不是俄国人的原罪。我们的世界不是这个新的第三帝国中的一个地区，我们欧洲的世界必须首先沉没在俄罗斯的世界帝国里，然后才能够得到拯救。他逐字强调说：“每个人都必须首先成为俄国人。”然后新世界才会开始。俄罗斯是代表上帝的民族：它必须首先用剑征服世界，然后才会对人类讲出他“最后的话”。而对于陀思妥耶夫斯基来说，这最后的话就是：和解。他认为俄国的天才有能力理解一切，有能力解决一切矛盾。俄国人是无所不知

① 公元前四世纪至公元后四世纪生活在俄国南部至巴尔干东部地区的民族，曾一度成为这个地区的统治者。

的人，因此也是在最高意义上宽容的人。因此，俄国人的国家，也就是未来的国家，将是一个大教会，是友爱的集体的形式，是渗透的形式，而不是隶属的形式。

他说："我们是第一批向世界作如下宣布的人：我们不是要通过压迫人格和外国的民族以求达到自己的繁荣。恰恰相反，我们是要在一切民族最自由和最独立的发展中，在友爱的结合中求得自己的繁荣。"在这时候，他的话就如同响起了这场战争[1]重大事件的序曲。（这场战争从一开始就从他的思想里得到滋养，正如到结束时从托尔斯泰的思想里得到滋养一样。）永恒的光明将上升到乌拉尔山的上空，而这个淳朴的民族——不是博学的精神，不是欧洲的文化——将以其与深沉难解的大地秘密结合在一起的力量解救我们这个世界。不是权力，不是重要人物们的斗争，而是劳动的爱将会成为所有人的感情。这个新的、俄罗斯的基督将带来普遍的和解，将把一切矛盾消融。于是老虎将在羔羊旁边吃草，小牡鹿将在雄狮旁边觅食。当陀思妥耶夫斯基讲到第三帝国，讲到大俄罗斯国的时候，他的声音是怎样地发抖，在信仰的极度兴奋中，他本人是怎样地颤动，这位对一切实际情况知识最渊博的人，在他的救世主的梦境中又是怎样地不可思议。

陀思妥耶夫斯基把这个基督之梦做进了俄罗斯这个单词里，做进了俄罗斯这个思想里，这是使对立和解的思想，他在一生中，在艺术中，甚至在上帝身上徒劳地寻求了六十年。但是这个俄罗斯是

---

① 指第一次世界大战。

个什么样的俄罗斯？是现实的，还是神秘的？是政治的，还是先知的？正如陀思妥耶夫斯基笔下历来的情况那样：同时两者都是。向激情要求逻辑和向教义要求理由都是白费力气。在陀思妥耶夫斯基的救世主著作里，也就是在他的政治论著和文学作品里，许多概念都是疯狂似的混杂使用。俄罗斯忽而是基督，忽而是上帝，忽而是彼得大帝的帝国，忽而是新罗马，是精神与权力的结合，是教皇的三重冠与皇冠的结合。这个俄罗斯的首都忽而是莫斯科，忽而是君士坦丁堡，忽而是新耶路撒冷。最谦卑的、普遍人性的理想与斯拉夫人权力野心的征服欲望生硬地交替变换，具有惊人准确性的政治星象与启示录式的幻想预言相互混淆。他把俄罗斯这个概念赶进当下紧迫的政治时局，忽而又抛入无限的高空——如同在艺术作品中一样，在这里也呈现出水与火、现实主义与幻想嗞嗞发响的混合。这位疯狂夸张者，他身上的魔力，往常都在他的长篇小说里，现在被压制在一个范围里。现在他在神秘莫测的痉挛中得到了尽情享受：他以全部炽热的激情把俄罗斯宣讲成世界的救星、包罗万象的幸福。在欧洲从没有一个民族观念比在陀思妥耶夫斯基书中的俄罗斯的民族观念更傲慢、更天才、更大喊大叫、更富诱惑力、更令人陶醉地被宣布为世界观念。

这位本民族的狂热信仰者，这个没有怜悯心的、极度兴奋的俄国僧侣，这个傲慢的论战小册子的作者，这个不诚实的信仰者，最初好像是伟大形体身上的一个没有生机的畸形物。但是这个畸形物对于陀思妥耶夫斯基性格的统一却是必不可少的。凡是我们在陀思妥耶夫斯基笔下不能理解某种现象的时候，我们就得在对比中寻找这种现象的必然性。切莫忘记：陀思妥耶夫斯基永远是一个“是”和“否”的对比，是自我毁灭和自高自大都被推到了极端的对比。这种夸张的傲慢就是一种夸张的屈从的对立面，他所提高的民族意识只是他受到过分刺激自身空虚感的极端相反的感受。他自己仿佛分裂成了两半：傲慢和屈从。他降低自己的人格，因此要找一句虚荣、傲慢、矜夸的话，就得通翻他那二十大卷的著作！但在他的作品中，人们找到的只有自我轻视、厌恶、谴责、贬低。他把所拥有的一切自尊都浇灌了他的种族，都浇灌了他的民族观念。他毁灭了与他孤立的个性相适应的一切，而对他身上没有个人特色的东西，与俄罗斯、与所有的人都相适应的东西敬若神明。他从不信神出发而成了教会的布道者，从不相信自己出发而成了自己民族和人类的宣告人，在思想上他也是为了拯救思想而把自己钉在十字架上的殉难者。“只要其他人都能幸福，我就乐于自己灭亡。”他把他的人物佐西马长老的这句话变成了自己的精神状态，他为了在未来的人身上得到复活而进行着自我毁灭。

因此，陀思妥耶夫斯基的理想就是要成为他现在不是的样子，要感觉到他现在所感觉不到的，要思考现在他不能思考的，要不像现在这样生活地生活。新的人与他本人形象的一个个线条直到细枝末节都形成对比。从他自己性格的每个阴影里都产生出光亮，从每个昏暗处都射出光辉。他从对自己的否定中创造出了对新的人类热情的肯定，为了有益于未来的人而对自己进行的这种没有先例的道德谴责一直进入到躯体之内，于是他为了所有的人而毁灭自我。我们不妨把他的肖像、照片、死后面型与注入他的理想的人物像——

例如阿廖沙·卡拉马佐夫、佐西马长老、梅什金公爵这三幅他给俄罗斯的基督即救世主所勾勒出来的速写像——进行相比。当中的最细微之处，甚至每个线条，都是与他自己形成对立，形成反差。陀思妥耶夫斯基的面孔是忧郁的，充满秘密和黑暗，而那些人的面孔却是生气勃勃的、宁静和开朗的。他的声音嘶哑、断断续续，而那些人的声音却是温和的、轻柔的。他的头发是乱蓬蓬的、深颜色的，他的眼睛是深陷的、神色不定的，而那些人的面容都是爽朗的，两鬓有一绺绺柔软的头发，眼睛都明亮有神，毫无焦虑和不安。关于那些人，他讲得很清楚，他们都笔直地向前看，他们的目光都含有儿童的甜蜜微笑。他的嘴唇被嘲讽和激情迅速形成的皱纹围得紧紧的，不会欢笑，而阿廖沙、佐西马都在闪闪发光的白牙齿上边露出自信的人自由自在的微笑。他的肖像的每个特征都是与新人的形象相反的负像，他的面容是一个受约束的人的面容，是一个多种激情的奴隶的面容，思想负担沉重，而那些人的面容表现出内心自由、无所顾忌、轻松愉快。他是分裂，是二元论，而他们是和谐，是统一体。他是被禁锢在自己身体里边的囚犯，而他们则是从他的性格的各个终点拥向上帝的众人。

用自我毁灭创造一种道德的理想——在精神和道德的所有领域里，这种创造是最为完美的。他在用自我谴责创造道德理想的时候，就好像切开了自己本性的血管，用自己的鲜血来描画未来人的形象。他还是个激情的人、痉挛的人、老虎一样奔腾跳跃的人。他的欢欣鼓舞是一种感官爆炸的欢欣鼓舞，或者是神经里向上喷射出来的火焰。那些人是柔和，但不停跳动的、纯洁的烈火。他们有不动声色的坚定性，而且比在极度兴奋时无拘无束的跳跃达到的地方更远。他们都是真正的谦卑，不担心自己微不足道。他们不像永远被侮辱者和被损害者的样子，不像受阻碍者和畸形者的样子。他们能与每个人交谈，因此，每个人在他们面前都能感到安慰。他们没有连续不断的歇斯底里，担心伤害到别人，或者担心受到别人伤害。他们不是每走一步就疑虑重重地环顾四周。上帝不再折磨他们，上帝使他们满意。他们熟悉一切。但是正因为他们知道一切，所以他们也就理解一切。他们不判断，他们不谴责。对于各种事情他们不去苦思冥想，而只是感激地相信。令人奇怪的是：他这个一向焦躁不安的人竟然把心平气和、感情净化的人看成是人生的最高表现形式。他这个分裂状态的人竟把统一体定为最后的理想。这个叛逆者竟要求屈从。在他们身上，上帝的折磨变成了上帝的喜悦，他的怀疑变成了确信，他的歇斯底里变成了康复，他的苦难变成了包罗一切的幸福。对于他来说，最后的生存和最美的生存就是他这位觉悟者和超觉悟者本人所从来不知道的生存。因此他认为，对于人来说，最崇高的生存就是：质朴、内心单纯、平和的喜悦、自然而然的喜悦。

你们要看看他最喜爱的人物，看他们是如何迈步前进的。他们的嘴唇上带着温和的微笑，他们熟悉一切，然而他们却不傲慢。他们在生活的秘密中生活，不是像生活在火热的峡谷里，而是把生活装饰成蓝色，就像把天空包裹在生活身上。他们战胜了生存的夙敌，他们“战胜了痛苦和恐惧”。因此他们在待人接物的无限亲切情谊中笃信起宗教来。他们都被他们的自我拯救了。无个性就是尘世凡人的最高幸福——这位最高尚的个人主义者就这样把歌德的智慧变成了一种新的信仰。

精神史上没有一个与他类似的进行道德上自我毁灭的先例，也没有从对比中创造理想取得他那样卓越成就的先例。陀思妥耶夫斯基，他是他本人的殉道者，他把自己钉在十字架上了：他表明信仰的知识，他通过艺术创造新人的身体，他为了总体而放弃特性。他要使自己的毁灭成为典范，从而形成更幸福、更美好的人类。于是为了别人的幸福，他自己便承受起了一切苦难。在自己极其痛苦的矛盾中，他紧紧绷了六十年，他往自己本性的最深处挖掘翻找，为的是找到上帝，找到生活的意义——为了新的人类，他抛开了积累如山的知识。他把自己内心最深处的秘密告诉了这个新的人类，最后的公式，他永远不忘的公式就是："爱生活甚于爱生活的意义。"

胜利的生活

不管生活过去如何，生活，它是美好的。

歌德

通向陀思妥耶夫斯基内心深处的道路是多么黑暗呀！那里的景色又是多么凄惨呀！他的无止境是多么令人窒息，又多么深奥莫解，就像他那刻画出了生活种种痛苦的悲惨面容一样。这里有内心深不可测的苦难区域，有精神的紫红色炼狱，有尘世的手曾挖进感情地狱的无底竖井。在这个人间世界里有多少黑暗呀！在这些黑暗中有多少苦难呀！啊，在他的土地上，在这块“连最深层的硬壳也浸泡在眼泪中”的土地上有多么深沉的悲哀呀！在这块大地的深处是多么可怕的地狱世界呀！它比先知但丁在近千年以前所看到的更加黑暗。没有得到拯救的人世间的牺牲者、自己感情的殉难者，都饱受种种精神鞭笞的折磨，都在软弱反抗的波涛中异常愤怒。啊，陀思妥耶夫斯基的这个世界是个多么可怕的世界！一切喜悦都被高墙围隔，一切希望都被排除，面对苦难得不到拯救，他那些牺牲者的周围都耸立着无穷无尽的高墙！没有同情能够把他们，也就是他的人物，从他们自己苦难的深渊里解救出来吗？没有世界末日的时刻来炸毁耶稣用自己的痛苦造成的这个地狱吗？

人类从来没有听到过的喧闹和控诉从这个无底深渊里喷涌而出。从来没有一部作品笼罩着更多的黑暗，甚至米开朗琪罗的雕像的悲哀也还比较柔和，就连但丁的地狱深渊里也有天国极乐的阳光照临。那么，在陀思妥耶夫斯基的作品中生活真的只能是永恒的黑夜吗？一切生活的意义真的都是苦难吗？感情在深渊上颤抖着俯身下看，只听见他们的弟兄们的痛苦和诉说。

然而这时候从深渊里飘荡出来一句话，这句话轻柔地传进鼎沸的人声中，但又从深渊的上空飘过，就像一只鸽子飞翔在波涌浪翻的大海上边。这句话听起来很温和，意义却很深刻。听到这句话就会感到非常幸福：“我的朋友们，你们不要畏惧生活。”这句话引起的是一阵沉默，深渊在战战兢兢地谛听，它在飘动，飘动在一切痛苦之上，这时候它的声音在说：“只有通过痛苦，我们才能学会热爱生活。”

是谁讲出这句安慰苦难的话的呢？是受苦最深的人，是陀思妥耶夫斯基本人。就在他伸展开双手被钉在分裂状态的十字架上的时候，就在痛苦的钉子钉进他龟裂的身躯的时候，他却还在毕恭毕敬地亲吻这生存的木十字架。他就像是在给同胞兄弟讲述重大秘密那样，用温和的口气说："我相信，我们大家都必须首先学会热爱生活。"

于是从他的话中那一天破晓了，世界末日的时刻来到了，坟墓和牢狱都突然间把门敞开了：死者和被关押的人，他们全都从深渊里站立起来，全都走上前来，成为宣讲他的话的传道信徒，他们都从自己的悲哀中挺起身来，他们从牢狱中蜂拥而至，从西伯利亚的苦役营蜂拥而来，身上的镣铐叮当作响。他们还从阴暗角落、妓院赌场和修道院的修士室中走来。他们大家都是激情的伟大受苦受难者，他们的手上还残留有鲜血，他们挨过鞭挞的脊背还在刺骨地疼痛，他们都还卧倒在愤怒和疾病之中，但是在他们的嘴里哀怨业已破碎，他们的眼睛也因为充满了信心而闪射出光辉。啊，巴兰的永恒奇迹出现了：在他们焦渴的嘴唇上诅咒变成了祝福，因为他们听到了主的和撒那[①]的声音。那是"穿透一切怀疑的炼狱传来的"和撒那的声音。最忧郁凄惨的人是优秀的人，最可悲的人是信仰最深的人。他们全都拥上前来，为他的话作证。他们以极度兴奋的原始力量，用他们的嘴，声音沙哑而且枯干的嘴，无比欢乐地唱出了苦难的颂歌、生活的颂歌，这是伟大的赞美诗。他们，这些殉难者，

---

① 犹太人表示赞美、愉快和欢迎的呼声。

大家全部到场了，都来赞美生活。被罚入地狱的无辜者迪米特里·卡拉马佐夫手上戴着手铐，用尽全身气力欢呼说：“为了我能对自己说：‘我活着。’我要克服一切困难。即使我要在刑讯台上蜷缩成一团，我也十分清楚：‘我活着。’即使我是被锁在中世纪的橹舰上，我也能看见太阳。即使我连太阳也看不见，那么我还活着，而且我也知道，太阳是存在的。”这时，他的兄弟伊万走到他的身边宣布说：“没有比死亡更不可废除的不幸。”于是生存的极度兴奋有如一道阳光射进了他的胸膛。他这个否认上帝的人便欢呼说：“上帝，我爱你，生活确实是伟大的。”永恒的怀疑者斯捷潘·特罗菲莫维奇从病榻的枕头上抬起身来，双手紧握，断断续续地说：“啊，我多么想能再生活一次呀！每一分钟、每一个瞬间，都必定是人至高无上的幸福。”众人的声音越来越响亮，越来越纯洁，越来越庄严。思想混乱者梅什金公爵在摇摆不定的性格的翅膀支撑下，张开双臂，心醉神迷地说：“我真不理解，人们从一棵树旁边走过去，怎么能不为树的存在和人们对树的喜爱感到愉快……然而在这辈子的每一步中都有多少令人赞叹的事物呀！甚至堕落的人也还会感觉到这些事物是值得赞叹的。”佐西马长老劝导说：“诅咒上帝和生活就是诅咒自己本身……如果你要喜爱每一件事物，那么，上帝在一切事物中的秘密都会对你显示出来，而且到最后你会用包罗一切的爱拥抱整个世界。”甚至那些“来自穷街陋巷的人”，身穿破烂外套、普通而且怯懦的无名之辈，也挤上前来，张开双臂说：“生活就是美。意义只存在于苦难中。噢，生活是多么美好呀！”这些“可笑的人”突然从“宣布生活，伟大的生活”的梦中出来了，他们全都像爬虫一样，从自己本性的角落里爬出来，参加盛大庄严的赞美诗合唱。他们中间没有一个人愿意死，没有一个人愿意放弃生活——神圣可爱的生活。没有一种苦难深重到使他们愿意用死亡这个永恒的对立面来替换生活。而在地狱里——绝望的黑暗中——突然间从它坚硬的墙壁上传出了命运颂歌的回声。在炼狱里燃烧起狂热的感恩之火。光，无穷无尽的光涌现出来了。陀思妥耶夫斯基的天堂突然在大地的上空出现了。陀思妥耶夫斯基写下的最后一句话是“生活万岁”，这是孩子们在伟大纪念碑旁演说中的话，是神圣的野性呼唤，它在众人头上呼啸着，隆隆作响。

啊，生活，奇妙的生活，你用熟知一切的意志把给你唱颂歌的人打造成了你的殉难者。啊，生活，明智而又残酷的生活，你用苦难使得伟人们对你顺从，使他们宣告你的胜利！约伯[①]因为在不幸中对上帝有了悟解，他的永恒呼声便响彻了几千年。你总是想再次听到他的呼声，再次听到但以理[②]的追随者们在身躯进入炉火中燃烧时的欢呼歌唱。作家们顺从于你而且怀着爱戴之情念诵你的名字。这时你就用作家的语言永远点燃了他们的身躯，点燃了噼啪作响的煤炭！你在音乐的意义上弹奏贝多芬的乐曲，于是贝多芬这个聋子就听到了上帝的怒吼，而且在死神触摸到他的时候，他还给你创作了《欢乐颂》。你把伦勃朗赶进贫困的黑暗里，于是他便在色彩中为自己寻求光亮，寻求你的原光。你把但丁驱逐出祖国，于是他在梦中看到了地狱和天堂。你用鞭子把一切人都赶进了你的无限

---

①《旧约》中人物，常用于比喻坚忍不拔的人，见《约伯记》。

②《旧约》中四大先知之一，见《但以理书》。

之中，而对这个你鞭挞最重的人，你强迫他成了你的奴仆。因此，你看呀，他口吐白沫，在痉挛中扑倒在地上，对你欢呼和撒那，欢呼那“穿透一切怀疑的炼狱传来的”神圣的和撒那。啊，在那些你让其受苦受难的人身上，你取得了多么大的胜利呀！你用黑夜造成了白天，你用苦难造成了爱心，你从地狱里取出了神圣的赞美歌。受苦受难最深的人是一切人中知晓最多的人。因此，了解你的人必定会为你祝福：这个对你认识最深的人看到，没有人像他那样证明了你，像他那样爱过你！

图书在版编目(CIP)数据

三大师传 /(奥) 斯特凡 · 茨威格著;申文林译.
—上海:上海译文出版社,2017.11 (2024.9 重印)
(茨威格作品集)
ISBN 978-7-5327-7607-8

Ⅰ. ①三… Ⅱ. ①斯… ②申… Ⅲ. ①巴尔扎克
(Balzac, Honore De 1799-1850)—传记 ②狄更斯(Dickens,
Charles 1812-1870)—传记 ③陀思妥耶夫斯基
(Dostoyevsky, Fyodor Mikhailovich 1821-1881)—传记
Ⅳ. ①K835.655.6 ②K835.615.6 ③K835.125.6

中国版本图书馆 CIP 数据核字(2017)第 206632 号

Stefan Zweig
Drei Meister. Balzac-Dickens-Dostojewski

三大师传

Drei Meister

Stefan Zweig
斯特凡 · 茨威格 著
申文林 译 高中甫 校

出版统筹 赵武平
责任编辑 张 鑫
装帧设计 尚燕平

上海译文出版社有限公司出版、发行
网址: www.yiwen.com.cn
201101 上海市闵行区号景路159弄B座
上海市崇明县裕安印刷厂印刷

开本 890×1240 1/32 印张 6 插页 2 字数 115,000
2017 年 11 月第 1 版 2024 年 9 月第 9 次印刷

ISBN 978-7-5327-7607-8/K · 256
定价: 36.00 元